MW00618564

*la*

**Emoción**

*El arte de crear*
*paz interior y prosperidad*

Si este libro le ha interesado y desea que lo mantengamos informado de nuestras publicaciones, escríbanos indicándonos cuáles son los temas de su interés (Autoayuda, Espiritualidad, Qigong, Naturismo, Enigmas, Terapias Energéticas, Psicología práctica, Tradición...) y gustosamente lo complaceremos.

Puede contactar con nosotros en
comunicación@editorialsirio.com

Título original: EUFEELING
Traducido del inglés por Elsa Gómez Belastegui
Diseño de portada: Editorial Sirio, S.A.

©    de la edición original
     2012 Frank Kinslow

Publicado inicialmente en inglés en 2012 por Hay House USA Inc.
Para oír la radio de Hay House, conectar con www.hayhouseradio.com

©    de la presente edición

**EDITORIAL SIRIO, S.A.**
C/ Rosa de los Vientos, 64
Pol. Ind. El Viso
29006-Málaga
España

**EDITORIAL SIRIO**
Nirvana Libros S.A. de C.V.
Camino a Minas, 501
Bodega nº 8,
Col. Lomas de Becerra
Del.: Alvaro Obregón
México D.F., 01280

**ED. SIRIO ARGENTINA**
C/ Paracas 59
1275- Capital Federal
Buenos Aires
(Argentina)

www.editorialsirio.com
E-Mail: sirio@editorialsirio.com

I.S.B.N.: 978-84-7808-898-0
Depósito Legal: MA-57-2013

Impreso en los talleres gráficos de Romanya/Valls
Verdaguer 1, 08786-Capellades (Barcelona)

*Printed in Spain*

# Dr. Frank J. **Kinslow**

*la* **Eumoción**

*El arte de crear*
*paz interior y prosperidad*

editorial  irio

*En reconocimiento a todos los trascendedores de este mundo…*
*Vosotros ya sabéis quiénes sois.*

# PREFACIO

Este libro va dirigido tanto a los lectores que están a punto de tener su primer contacto con el Quantum Entrainment® (QE™) como a aquellos que ya disponen de un conocimiento de este proceso. En caso de que hayas conocido el QE a través de alguna de mis obras anteriores, te resultarán conocidas algunas secciones que presento en la primera parte de este libro, ya que es inevitable que algunos conceptos se repitan, si queremos que los lectores aún profanos puedan acceder a las maravillas de esta tecnología única y aprender a integrarla en sus vidas. No obstante, creo que incluso los practicantes de QE más experimentados coincidirán en que estas nuevas experiencias, intuiciones y analogías compensan con creces cualquier repetición de los conceptos que ya conocen.

La segunda parte del libro presenta la Intención del QE, nueva técnica de gran poder basada en una enseñanza misteriosa, casi secreta, que se practicó en la India hace más de cuatro mil años. Su nombre en sánscrito, *Ritam Bhara Pragya*, alude a un nivel de conciencia que percibe con claridad absoluta las semillas de la creación. Pero no dejes que esto te confunda. La Intención del QE es natural, fácil de practicar y está al alcance de cualquiera. Básicamente, nos enseña una manera sencilla de tomar la conciencia que en este momento utilizas para leer estas líneas y emplearla para sembrar tus propias semillas, de las que brotará una salud mejor, relaciones más plenas, estabilidad económica o lo que quiera que desees en esta vida. La Intención del QE puede aplicarla cualquiera en cualquier situación, y encontrarán en ella un eficaz complemento quienes ya estén realizando algún trabajo de intención.

Tanto si eres practicante avanzado de QE como un recién llegado y estás deseando saber más sobre su proceso, este libro te ofrece nuevas perspectivas y prácticas que harán tu vida más apasionante, más plena y divertida. Gracias por unirte a nosotros, y bienvenido a bordo.

Con amor y humor,

FRANK KINSLOW
Sarasota, Florida

# Capítulo 1

# LO FUNDAMENTAL

*Donde hay una gran duda, habrá un gran despertar.*

Han Yongun

### Experiencia: la punta de la lengua

*Coloca suavemente la punta de la lengua en el lugar exacto donde las encías se unen con los dientes delanteros superiores. Apóyala sin hacer fuerza contra el puente alveolar y préstale mucha atención a todo lo que sientas allí donde está en contacto con los dientes y con las encías. En silencio, percibe conscientemente lo que sientes.*

*¿Qué es más suave, la lengua, las encías o los dientes? ¿Cuál de los ellos es más áspero? ¿Cuál está más fresco? Toma conciencia de la saliva que hay entre ellos. Ahora, estate muy atento al grado de presión que ejerce la lengua. ¿Sientes los músculos de la lengua? ¿Está relajada? Durante quince o veinte segundos, date cuenta con claridad*

*de todo lo que sientas allí donde la lengua está en contacto con los dientes y las encías.*

Ahora, toma conciencia de cómo te sientes en general, por todo el cuerpo. Fíjate en que está más relajado ahora que antes de que hicieras el ejercicio, y también en que tu mente está más alerta y, a la vez, más tranquila. ¿Cómo puede ser esto? ¿Cómo es posible que el inocente acto de prestarle atención a un solo punto del interior de la boca genere un estado corporal más relajado y mayor tranquilidad mental? Cuando respondas a esta pregunta, descubrirás el secreto de la salud, la armonía y la abundancia material en tu vida.

Por eso te escribo. Tienes todo lo que necesitas, ya en este mismo momento. Lo sepas o no, sentado donde estés sosteniendo este libro en las manos, estás listo para la perfección. Así como la experiencia de «la punta de la lengua» te ha abierto a una mayor armonía de cuerpo y mente, te hallas en un punto de tu vida que, con la misma sencillez, te hará trascender los lazos del aburrimiento, el esfuerzo y la lucha y experimentar el flujo de la riqueza y el bienestar, un flujo totalmente libre de fricción. Cualquiera puede ser consciente de la presencia de sus dientes y de su lengua, y de hecho son millones de personas las que lo son a diario, pero no todo el mundo lo hace de una manera que aumente la armonía cuerpo-mente como lo has hecho tú hace un momento. Tienen la capacidad, tienen todo lo necesario para hacerlo; lo único que les falta es saber de este proceso tan simple que mejora la unidad cuerpo-mente en cuestión de segundos.

Estás en un punto único de tu vida, tanto en sentido literal como figurado, en el que puedes alterar su curso sin moverte de la silla donde estás sentado. Desde el lugar estratégico en el que te encuentras, este libro abrirá tu percepción consciente a los tesoros que hay en tu interior y que tanto anhelan que los descubras. Este libro tan sencillo es tu mapa del tesoro, que, como en el ejercicio de «la punta de la lengua», te conducirá hasta él paso a paso. Te enseñará dónde encontrar las piedras preciosas de la paz, la prosperidad y el vivir dichoso y libre de conflictos, que te esperan justo al otro lado de tu mente. «Sí, es verdad que me he sentido más tranquilo y relajado después de hacer el ejercicio —dirás—. Pero tengo preocupaciones económicas y una relación sentimental muy problemática. ¿Cómo va a ayudarme a pagar el alquiler y a limar las asperezas de una relación tempestuosa el hecho de tomar conciencia de mi lengua y de mis dientes?».

## SALIR DE LA MENTE

Buena pregunta. Me alegro de que la hagas. El secreto no está en la lengua sino en cómo se hace consciente de ella nuestra mente. Al menos, la mente es el punto de partida, pues es ella la que crea los problemas. Así que lo primero será echar un vistazo a la manera en que hace sus diabluras, y luego aprenderemos a trascender la mente para encontrar la solución. Nos han engañado y confundido, ¿entiendes?; nos han hecho creer que podíamos utilizar la mente para arreglar la mente, pero eso es como pedirle a un ladrón que nos sugiera un lugar seguro donde esconder el dinero. ¿Cómo se puede esperar que una mente estropeada se arregle a sí misma? La demencia que padece es de una clase muy especial, tanto que le ha permitido abrirse camino subrepticiamente y manifestarse en toda expresión de nuestras vidas, y es eso lo que nos hace sufrir.

Lo que precisamos, por tanto, es encontrar la manera de salirnos de la mente, mirar alrededor y, luego, volver a entrar en ella con plena conciencia. La diferencia entre el sosiego y la paz que sentiste al realizar el ejercicio de «la punta de la lengua» y lo que pudo sentir en ese momento una persona que no hiciera el ejercicio es ni más ni menos que la percepción consciente. Necesitamos contemplarnos a nosotros mismos y contemplar nuestras vidas desde una atalaya que esté fuera del campo de influencia de nuestra mente manipuladora. Necesitamos estar libres del impacto que actualmente tienen en nosotros las emociones dañinas, los prejuicios, la lógica tendenciosa y la información tergiversada que coartan cada uno de nuestros pensamientos, palabras y acciones, haciendo uso de una percepción consciente muy especializada que todos tenemos a nuestro alcance pero muy pocos empleamos.

Este libro te enseñará a desarrollar dicha percepción consciente. No es necesario que creas en ella, ya que está más allá de la creencia. Se te mostrará una técnica científica que te permitirá escabullirte de los dominios de la conciencia común y entrar en un estado de superconciencia con la misma naturalidad y sencillez con que respiras. La percepción consciente tiene por sí misma un asombroso poder rejuvenecedor y restaurador de cuerpo y mente. Pero eso no es todo: una vez que aprendas a salirte de tu mente, aprenderás también a volver a entrar en ella con una perspectiva nueva. Cuando eso suceda, en lugar de ser tu mente la que te domine, serás tú quien tendrá dominio sobre ella, o, para ser más exactos, serás consciente de cómo te ha engañado haciéndote creer que la vida es una lucha. Con la claridad recién adquirida, contemplarás cómo esas distorsiones se enmiendan de un modo natural. Es un proceso de lo más extraordinario.

Pero ahí no acaba la cosa. Una vez que te familiarices con la conciencia interior que acabas de descubrir, habrá llegado el momento de que aprendas a usarla para beneficio de tu vida exterior. Así es, aprenderás a satisfacer tanto los deseos íntimos en el plano emocional como los externos en el plano material. Te ha llegado el momento de aprender a colmar tus más profundos deseos, e incluso los más frívolos; lograrás satisfacer ambos aspectos del deseo. Aprenderás también a deshacerte de inmediato de los apegos emocionales y de sus efectos destructivos, y, desde ese plácido estado de ser, contemplarás cómo las fuerzas de la física se aglutinan para otorgarte precisamente aquello que deseabas en el plano material.

¿Qué me dices? ¿Crees que vale la pena dedicar un poco más de tiempo a aprender a trascender los problemas que plagan tu vida? ¿Estás listo para utilizar tu cuerpo-mente de la manera en que debió hacerse desde el principio? ¿Estás preparado para hacerte la vida más fácil, y no solo a ti mismo, sino también a tus amigos, a tu familia y a todos los que compartimos este planeta contigo? Entonces no te levantes. Quédate exactamente donde estás y deja que todo vaya sucediendo guiado por las predominantes fuerzas de la plenitud. Aprende a ver con una mirada nueva la armonía que hay en la condición humana. Descubre la perfección del presente como algo que la humanidad entera tiene capacidad de percibir. Si no fuera así, ¿qué sentido tendría?

*la* Eumoción

## PUNTOS PRINCIPALES DEL CAPÍTULO 1

✧ Prestar atención de la manera precisa aumenta la armonía del cuerpo-mente.

✧ No podemos emplear una mente estropeada para que se arregle a sí misma.

✧ Salir de la mente nos libera de las emociones dañinas, los prejuicios, la lógica tendenciosa y la información tergiversada que coartan cada uno de nuestros pensamientos, palabras y acciones.

✧ Satisfacer nuestros deseos es fácil cuando se tiene una mente clara y despejada.

✧ Puedes transformar tu mundo sin moverte de la silla donde estás sentado.

# Capítulo 2

# BUSCANDO EL CAMINO
# DE VUELTA A CASA

*Es completamente absurdo y cruelmente arbitrario encuadrar*
*todo el juego y el aprendizaje en la infancia, todo el trabajo*
*en la mediana edad y todas las lamentaciones en la vejez.*

MARGARET MEAD

## LOS AÑOS MÁGICOS

¿Te acuerdas de la magia de ser niño? ¿Recuerdas cuando tu mejor amigo era un peluche en el que confiabas y al que querías con todo tu corazón? Podías jugar totalmente abstraído durante horas, con tu juego de té en miniatura, saltando en los charcos con tus botas de goma nuevas de color rojo o chillando por el cosquilleo que te producía en el estómago columpiarte muy, muy alto, hasta que parecía que casi podías tocar el cielo. Vivías continuamente envuelto en un sentimiento de asombro incluso ante los objetos y sucesos más comunes. Una hormiga que caminaba por una manzana, las gotas de rocío en una tela de araña, las brillantes vetas de colores de una roca partida: fuera cual fuese la actividad que atrajera tu atención, te quedabas completamente absorto, en un estado de paz, alegría y contento. No hacías más que ser tú, y ese sentimiento era maravilloso.

¿Con qué frecuencia vuelves a sentir hoy la dicha de ser plenamente humano? ¿Has arrinconado esos recuerdos en el sótano polvoriento de tu mente adulta? Si en este momento les hicieras una visita, ¿encontrarías solo imágenes rotas de tu juventud esparcidas sobre una balda, alrededor de un juego de té olvidado?

No puedes recuperar tu niñez, pero sí el alborozo y el entusiasmo que eran su acompañante habitual. El amor que animaba tu infancia todavía mora en tu interior. Ni tú lo has abandonado ni él te ha abandonado a ti. Esto es lo que quiero decirte; por eso te escribo. En algún punto del camino, los animales de peluche y las botas de goma rojas fueron sustituidos por metas educativas, seguridad laboral y respetabilidad social, todo lo cual, por alguna razón, carece de la belleza espontánea de aquellos años inocentes y mágicos. Pero no te preocupes, porque siguen existiendo a tan solo uno o dos latidos de distancia del lugar donde vives.

La maravilla de la vida no es un fenómeno exclusivo de la niñez. Puede que hayas experimentado durante un instante fugaz el asombro y la admiración inherentes a la condición humana al mirar fijamente la negrura de un cielo estrellado o al sentir la indefensión de un bebé recién nacido resoplando suavemente contra el pecho de su madre. La dicha, el amor y la paz están siempre a la espera de que gocemos de ellos; lo que sucede es que, momentáneamente, has puesto tu atención en aspectos de la vida más *importantes*. Lo bueno del caso es que, para recuperar la niñez, no necesitas deshacerte de lo que has conseguido siendo adulto; al contrario, ¡puedes tenerlo todo! Cuando conoces la receta, los metódicos movimientos de la edad adulta se realzan gracias a la espontaneidad que caracterizó tu infancia.

No es preciso que elijamos entre lo uno o lo otro, ni que lamentemos haber perdido la alegría interior por haber conseguido seguridad exterior. Por lo general, no entendemos lo que significa ser adulto. Nuestro problema es que dejamos de crecer demasiado pronto, y lo que por norma consideramos que es un comportamiento adulto sigue siendo abismalmente inmaduro, ¿te das cuenta?

La edad adulta como la conocemos hoy en día se parece más, en realidad, a una prolongada adolescencia. Un adolescente se considera mayor de lo que pueden respaldar su experiencia o sus capacidades, y por eso los jóvenes son problemáticos, y muchas veces peligrosos para sí mismos y para los demás. Pero si lo piensas un poco, la mayoría de los adultos somos más problemáticos y peligrosos todavía, pues tenemos más poder para contaminar y saquear en nombre del progreso. Basta con reflexionar un momento para darse cuenta de que nuestra especie está peligrosamente cerca de la extinción, debido al comportamiento destructivo de los *adultos* en todos los niveles de la sociedad del mundo entero.

Pero ser humano significa mucho más que lo que hemos vivido hasta ahora. De forma innata, sabemos que la vida tiene que ser algo más que esto. Tal vez te hayas hecho esta misma pregunta en alguno de esos momentos de silenciosa desesperación que suelen llegar, por lo general, hacia la mitad de la vida, cuando, a pesar de haber conseguido la mayoría de lo que deseábamos, seguimos sintiéndonos incompletos, presas de un vacío difícil de determinar. La voz —apenas una suave ondulación que cruza el océano de nuestra mente— nos llega de ese extraño lugar de quietud que hay en lo más profundo de nuestro ser, y escuchamos con atención, pues sabemos que intenta decirnos algo importante. Pero es una voz muy tenue, ahogada por el viento y las olas del vivir cotidiano, así que, en lugar de aguzar el oído, continuamos forjándonos la vida que nuestros antepasados soñaron para nosotros, la vida del dominio sobre nuestro entorno, una vida que, en última instancia, es reflejo de opulencia, poder y orgullo.

Generalmente consideramos que la niñez, la adolescencia y la edad adulta son las tres etapas fundamentales del desarrollo humano, y esperamos ir avanzando de una a otra a ritmo uniforme, obteniendo de cada fase consecutiva mayor educación, riqueza y poder. Anhelamos encontrar la felicidad, como la olla rebosante de oro de la que habla la leyenda, al final del arco iris de nuestras vidas, pero lo cierto es que, al final, el bien más preciado suelen ser los recuerdos. Incluso las personas más ricas y poderosas de este mundo suelen volverse hacia sus recuerdos en la etapa final de su existencia; es como si nos diéramos cuenta demasiado tarde de que las recompensas exteriores palidecen en presencia del poder real que han tenido en nuestra vida los momentos de compasión, camaradería y amor.

Este ha sido el lamento de la raza humana, y por una sencilla razón: porque nos conformamos con la esperanza de encontrar un día una felicidad duradera que, a la hora de la verdad, nunca parece estar a nuestro alcance, y la felicidad que conseguimos arrancarle a la vida es tan fugaz que nos deja siempre insatisfechos y anhelantes. La felicidad en sus diversas formas —ya provenga de las relaciones, el sexo, el dinero o lo que fuere— es un fantasma de la realidad: una vez conseguida, resulta que no tiene sustancia, no encierra un valor imperecedero que pueda darnos aquello que en verdad anhelamos; eso solo nos lo dará la percepción clara e inocente de nuestra realidad verdadera. Lo cierto es que vivimos la vida solo a medias. Todavía no nos hemos introducido en nuestra piel espiritual. Aún no hemos desarrollado nuestro pleno potencial de dinámicos y exultantes parangones de la paz y la propiedad.

No me refiero aquí a la evolución. Nacimos con todo lo que necesitamos para estar libres de las destructivas tendencias del adulto inmaduro. Ya sabemos que somos capaces de realizar nobles actos de bondad, caridad y amor; de hecho, consideramos que estos y otros atributos similares son el epítome de la calidad humana. No, de lo que hablo no es de evolución, sino de revolución, entendiendo por revolución el ponernos finalmente a la altura de lo que significa ser plenamente humanos.

No creo que sean muchos los que rebatan que tenemos mucha mayor capacidad para la armonía y la sanación de lo que mostramos actualmente. Sé que probablemente estarás pensando que llevamos intentando estar por encima de nuestras tendencias destructivas desde que el primer cavernícola golpeó en la cabeza a su vecino con un leño y se llevó a su mujer. Pero no estoy sugiriendo que tratemos de superar nuestras tendencias destructivas, ni tampoco de neutralizarlas con pensamientos o acciones positivos. Ya hemos hecho lo uno y lo otro, y el éxito conseguido ha resultado ser muy breve. Lo que sugiero es que no intentemos hacer nada; en realidad, intentar hacer algo únicamente empeorará la situación.

Si abandonamos a un niño pequeño, perecerá; y todo parece indicar que, abandonado a su propia suerte, lo que hace el adulto es poner su sello de fatalidad en el mundo. Está claro que tenemos que encontrar una solución que pueda combinar la inocencia y exuberancia de la niñez con la sabiduría y eficiencia de la edad adulta: una unión del corazón y la cabeza. Pero ¿existe tal solución? ¡Sí! ¡Claro que existe! De lo contrario, este sería un libro francamente corto.

### Retorno a la gracia

Puedes contemplarlo como la compleción del círculo o, en términos de *El paraíso perdido,* de Milton, como, después de caer en desgracia, retornar al sublime estado de inocencia original pero con una sola e importantísima diferencia. Cuando retornamos para suplicar que se nos devuelva la inocencia de la niñez, somos personas con experiencia, marcadas, si quieres, por la crudeza del mundo. Una persona así ha sufrido, y ha trascendido luego, los excesos tanto del niño interior como del adulto exterior, para poder integrar juego y trabajo, espontaneidad y control, amor y deseo. Pero te equivocas si crees que esta fusión de lo mejor de cada mundo requiere dedicación y esfuerzo, o se consigue invocando el divino favor de los dioses. Lo único que se necesita es un cambio de percepción. El niño que hay en nosotros lo sabe instintivamente; en cuanto al adulto, basta con que acepte que es verdad, aquí mismo y en este mismo instante. Es la pura verdad. Ahora bien, ¿cómo hacer que sea verdad para nosotros?

Te propongo una experiencia que puede echar por tierra la rígida manera de pensar que aprisiona a la mente adulta.

## EXPERIENCIA: ENCONTRAR A TU SER ETERNO

*Evoca un recuerdo temprano de tu niñez, quizá de un momento en que estuvieras jugando tú solo tranquilamente o de alguna actividad con la que disfrutaras. Ahora, deja que tu mente se traslade a un suceso de tu niñez de una época posterior. Sigue escogiendo, así, sucesos de tu adolescencia, luego de tu juventud, y continúa hasta llegar al momento presente. Deja que los recuerdos cobren vida, y quédate con cada uno de ellos el tiempo que quieras, reviviendo los sonidos, los olores, lo que sentía tu cuerpo y las emociones que había en tu mente. Cuando termines con un recuerdo, pasa al siguiente, acercándote así al presente poco a poco. Cuando hayas revivido varios recuerdos de distintas épocas, deja que todos ellos confluyan en tu mente como un río de recuerdos. Mientras lo haces, date cuenta de que los estás observando, como si estuvieras en la orilla del río viéndolos pasar. Sé consciente de que en este momento eres el observador de lo que está ocurriendo en tu mente; en este caso, de tus recuerdos.*

*Regresa ahora a cualquiera de esos sucesos que acabas de rescatar de la memoria y esta vez recuérdalo con mucha claridad. Mientras observas cómo se va desplegando, date cuenta de que, cuando el suceso que ahora recuerdas era tu presente, también había una parte de ti que observaba lo que hacías; una parte de ti observaba incluso entonces.*

*Revive otro recuerdo y fíjate en que, también en este, una parte de ti era testigo de lo que sucedía.*

*Ahora toma todos los recuerdos que antes elegiste y contémplalos en una sucesión rápida de principio a fin. Observa cómo tu cuerpo, tu intelecto, tus emociones, tus deseos y tus habilidades fueron cambiando al pasar por las distintas etapas, desde la niñez hasta la edad madura. Pero hay algo que no cambió: el sentimiento de «yo», el Ser silencioso que era testigo de todo siempre estuvo presente, como lo está en este instante. Date cuenta de que eres consciente de él, de todo este proceso que está sucediendo ahora mismo, de que también lo eras entonces. Descubres así que, en esa percepción consciente, lo único que hay es conciencia: la propia conciencia, inalterable e imperecedera.*

Con independencia de lo que en cada momento haya experimentado y experimente ahora mismo tu cuerpo-mente, siempre ha estado, está y estará en ti el testigo silencioso y eterno que es tu Ser interior. Ese es el Tú atemporal, el Ser eterno que no te abandonará nunca... ¿Cómo podría hacerlo? Puedes abandonar tu cuerpo y tu mente, pero es imposible que abandones tu Ser.

La simple percepción directa de que hay *algo* que es estable en nuestra vida tiene un efecto profundamente tranquilizador. Nos sentimos más seguros sabiendo que una parte de nosotros nunca se deteriora. Quizá no sepamos cómo hablar de ella o cómo mostrársela a los demás, pero sabemos que está ahí, y, por el momento, con eso nos basta. Sin embargo, no te preocupes; pronto aprenderás a hacer que esta experiencia sea vívida y vibrante en tu vida. Antes, vamos a examinar un poco más detalladamente lo que significa vivir en este estado de conciencia acrecentada.

La mayoría vivimos en la tierra de Newton, una tierra de leyes físicas, la tierra de la causa y el efecto orientada hacia una meta, convencidos de que, al ejecutar X + Y, obtendremos con toda certeza el resultado final Z. Es decir, estamos seguros de que recibir una educación y tener un buen trabajo, e ir añadiendo por el camino una familia, una casa y un perro, nos dará seguridad y riqueza suficientes para pasar el resto de nuestras vidas con relativo desahogo y felicidad. Pero, dime, ¿cuántos de nosotros estamos exactamente donde hace diez años planeábamos estar? Resulta casi imposible conseguir con exactitud lo que planeamos para el futuro, pues la vida tiene otros planes para nosotros. Luchamos por conseguir lo que queremos, pero la vida nos da lo que necesitamos; nos ofrece alternativas a nuestro viaje, alternativas viables, y, si nos oponemos a ellas, va colocando obstáculos en nuestro camino hasta que abrimos los ojos.

Cuando digo *vida* en este caso, me refiero a las leyes de la naturaleza a las que estamos todos subordinados. Hablo de las leyes que gobiernan nuestra especie, nuestra Tierra e incluso los vastos mundos que escapan a nuestra comprensión, y sobre todo, hablo de la ley que está en la base de todas las demás: la ley de la perfección conseguida a través de la percepción presente. ¿Qué significa esto? No te dejes intimidar por las palabras; en realidad, es bastante sencillo. Percepción presente significa hacerse consciente de la conciencia pura: un simple cambio de la conciencia común a la conciencia ilimitada, que cualquiera que esté leyendo estas líneas puede hacer sin esfuerzo. Es el eslabón perdido que une la libertad de la infancia con el poder progresivo de la edad adulta. Si tienes un poco de paciencia, te explicaré no solo cómo funciona, sino también cómo ganarte el favor de la Madre Naturaleza y vivir libre de la limitadora influencia de la lucha y el estrés. Has de saber simplemente que, si ignoramos o quebrantamos las leyes, se nos reprenderá. En la niñez, es nuestra madre quien nos hace sugerencias, nos aconseja y nos disciplina. En la edad adulta, la Madre Naturaleza toma el relevo; y como ya sabemos, puede ser despiadada e implacable, o compasiva, tierna y generosa. No es ella, sino nosotros, quien toma la decisión.

Esto no es una filosofía caprichosa y fantástica; lo que digo es igual de tangible que el aire que respiras. Tenemos muchos ejemplos de personas que han vivido esta clase de elevada existencia humana, cuya clave no reside en aprender algo nuevo, sino más bien en recordar: recordar lo que somos, recordar nuestra esencia verdadera. Es como retornar a la libertad de la infancia al tiempo que vivimos dentro de los confines de la edad adulta, orientada hacia el dominio y el control. Es la unión de la infancia y la edad adulta para formar una nueva y apasionante compilación de lo mejor de ambas vidas. Es una especie de iluminación, una apertura al silencioso poder que reside dentro de cada uno de nosotros.

## La percepción de la perfección

El elevado estado de conciencia al que me refiero no es ni extraño ni inalcanzable. No nos es ajeno de ninguna manera, sino todo lo contrario; es tan natural como pensar, y hacerlo realidad es exactamente igual de fácil, puesto que no es un elemento nuevo para la condición humana. En absoluto.

No es una manera nueva de pensar o de comportarse; ni siquiera es necesario que creas que funcionará. Bajo circunstancias normales, cuando te haces un corte en un dedo, con el tiempo se curará. Esa es la respuesta natural de tu cuerpo; no necesitas emplear la fuerza de voluntad para que se cure ni tener fe en que será así. La curación se produce automáticamente y sin ningún esfuerzo por tu parte. Lo mismo sucede en este caso. Elevarte por encima de la experiencia común de la lucha y el sufrimiento es también completamente natural. Una vez que sepas cómo hacer el cambio, tu vida irradiará dicha, paz y asombro con la misma naturalidad y facilidad que se cura un corte en un dedo.

Este estado superior nos pertenece como seres humanos, y elevarnos a un nivel que trascienda nuestra actual condición de disonancia interior es la progresión natural. ¿Quieres saber si te resultará muy difícil hacerlo realidad y vivirlo personalmente en tu vida? ¡No, en absoluto! Es más, en cuanto cumplas esta sencilla norma de observación, la percepción perfecta descenderá sobre ti con la misma fluidez con que desciende el alba sobre la oscuridad y, una vez que se produzca el cambio, te elevará por encima de los problemas y traumas del vivir cotidiano de una manera que es a la vez común y celestial. Con los pies firmemente plantados en tierra firme, tu corazón se abrirá a la esencia de la humanidad mientras tu visión interior se abre a la totalidad de la creación.

Descubrirás que la percepción de la perfección te está esperando en las fronteras más lejanas de tu mente. Como una mariposa que se posara sobre un pétalo luminiscente, tu percepción consciente se asentará con delicadeza sobre la conciencia pura… Siempre, claro está, que tengas presente esta sencilla regla, la ley de la perfección: no hay ningún lugar adonde ir, ni hay nada que hacer. Este edicto de iluminación, que la mente dirigida a la acción no es capaz de percibir, pronto será un sutil recordatorio del *otro mundo* en el que vives. Ahora mismo, quizá no lo conozcas; puede que tu conciencia gravite sobre todo hacia el alboroto y la «pirotecnia» de tu rutina cotidiana. Ya arreglaremos eso. Pero en este preciso instante empezaremos por indagar qué fuerzas actúan en tu mente impidiéndote percibir la perfección.

### Puntos principales del capítulo 2

- ✧ El amor que animaba tu niñez reside todavía dentro de ti.
- ✧ La edad adulta como la conocemos hoy en día se parece más, en realidad, a una prolongada adolescencia.
- ✧ La felicidad en sus diversas formas —ya provenga de las relaciones, el sexo, el dinero o lo que fuere— es un fantasma de la realidad.
- ✧ Tenemos mucha mayor capacidad para la armonía y la sanación de lo que mostramos actualmente.
- ✧ Tu Ser interior es eterno e inalterable.
- ✧ Para experimentar lo que significa ser plenamente humano solo hace falta un pequeño cambio de percepción.
- ✧ Elevarnos por encima de la experiencia común de la lucha y el sufrimiento es completamente natural.
- ✧ La percepción de la perfección es tu derecho de nacimiento y puedes conseguirla fácilmente.

# Capítulo 3

# SENTIR, PENSAR, ACTUAR

*El antepasado de cualquier acción es un pensamiento.*

RALPH WALDO EMERSON

## ECHA UNA OJEADA DENTRO DE TU MENTE

¿Qué tiene más poder, lo que piensas o lo que eres? Cuando estás furioso, tienes pensamientos de furia; cuando te sientes feliz, tienes pensamientos felices. Parece que los pensamientos estén influidos por lo que sientes. Incluso aunque te consideres un pensador lógico y ecuánime, seguirá influyendo en ti lo que sientas ese día. De hecho, nuestros pensamientos pueden cambiar de un momento a otro a la par que cambian nuestras emociones. Puede que estemos mirando por la ventana, un día frío y lluvioso, embargados por la tristeza y un sentimiento de soledad porque una persona muy querida se ha ido a vivir a otra ciudad.

Nuestros pensamientos están faltos de energía y entusiasmo, pues son reflejo del estado emocional, deprimido y apático, de ese momento. Al cabo de un rato, nos viene a la mente un recuerdo de ese ser querido; nos acordamos de un tiempo de gran ternura en el que nos sentíamos muy unidos. Poco a poco, empezamos a encontrarnos un poco mejor y, como resultado, nuestros pensamientos comienzan a avivarse mientras los recuerdos agridulces centellean cruzando la pantalla de nuestra mente. Tal vez a continuación nos imaginemos sentados ante una taza de café en la cocina de su nueva casa. Nuestro estado de ánimo es entonces un poco más alegre y, en consonancia con él, los pensamientos que nos asaltan tienen más vida y movimiento. Finalmente, en un impulso, decidimos salir de viaje ese mismo día para ir a ver a esa persona. Estamos entusiasmados, llenos de alegría y expectación, y nuestros pensamientos, imbuidos de afecto, giran ahora en torno a hacer la maleta, los planes de viaje y, por último, la gran dicha de volver a estar juntos. Esta asombrosa metamorfosis emocional, de un estado de tristeza y soledad a otro de entusiasmo y júbilo, ha ido evolucionando con sencillez gracias a unos pocos espacios fértiles que se han ido abriendo entre latido y latido del corazón; y el paso de los pensamientos grises y apáticos a los dinámicos y vitales se ha producido con la misma rapidez, impelido por las crecientes olas de la emoción. De modo que las emociones pueden tener gran impacto en nuestro pensar.

Esto es algo que todos hemos experimentado. Pero si lo llevamos un paso más lejos, nos daremos cuenta de que nuestro proceso de pensamiento influye en la acción que realizamos. La tristeza, por ejemplo, produce pensamientos de baja energía, que a su vez generan una acción de baja energía también. En el ejemplo anterior, la acción resultante de los pensamientos tristes era mirar lánguidamente por la ventana, mientras que la acción que se creó cuando decidimos reunirnos con la persona amada fue enérgica y resuelta. Vemos, por tanto, que se establece una jerarquía: las emociones influyen en el pensar, y el pensar influye en la acción. Pero ¿saber esto nos ayuda a responder a la pregunta que planteaba al principio del capítulo? Aunque en cierto sentido podríamos decir que sí, la verdad es que nos conduce en una dirección equivocada. Para responder a la pregunta «¿qué tiene más poder, lo que piensas o lo que eres?», necesitamos ahondar un poco más en las profundidades de nuestra mente, lejos de la tumultuosa actividad del pensamiento y la acción, para descubrir qué influye en nuestras emociones, qué nos hace sentirnos como nos sentimos.

Dedica un minuto a reflexionar sobre estas preguntas: ¿qué sientes en este momento?, ¿de dónde proviene esa emoción?, ¿es por el tiempo que hace, por lo que has comido, por tu trabajo, tus amigos, tu creencia en un mundo mejor? Todos estos elementos pueden dictar cómo nos sentimos en un momento u otro, pero son influencias relativas, ¿no? Cómo reaccionamos al mal tiempo o a la crítica de un amigo depende de algo mucho más profundo que hay en nosotros, algo que es tan sutil y omnipresente que rara vez somos siquiera conscientes de que existe. Y esa parte de nosotros que tiene dominio sobre nuestras emociones, y consiguientemente sobre nuestro pensamiento y acción, es en última instancia la responsable del éxito que alcancemos en la vida. Esta parte tan potente de nosotros es nuestra seguridad interior.

Así que nuestra jerarquía va tomando forma, y podría representarse así:

seguridad ⟶ emoción ⟶ pensamiento ⟶ acción

Aun a riesgo de simplificar excesivamente el tema, he de decir que el concepto de seguridad interior no es muy complicado: o tienes seguridad interior o no la tienes. El grado de seguridad puede medirse por el nivel de autoestima: si nuestra autoestima es alta, estamos seguros de nosotros mismos; si es baja, somos personas inseguras. De todos modos, yo prefiero hablar de «seguridad», ya que la palabra «autoestima» suele tener una carga negativa o connotaciones perniciosas. Cuando tienes seguridad en ti mismo, esto se manifiesta en confianza, paz y estabilidad interiores, mientras que la inseguridad engendra ansiedad, duda y desconfianza. Generalmente no somos conscientes de nuestro nivel de seguridad, puesto que reside en un lugar distante y silencioso de nuestra mente, y, dado que la sede de la seguridad es tan indefinida, solemos fijarnos en sus expresiones más identificables, como las emociones, el pensamiento y las acciones. Ahora bien, ya seamos conscientes o no de lo seguros o inseguros que nos sintamos, nuestro nivel de seguridad domina cada uno de nuestros pensamientos, palabras y acciones.

Lo que sigue es un extracto de otro de mis libros, *Beyond Happiness*, que ilustra perfectamente esta cuestión:

Imaginemos que has trabajado en una empresa dieciocho años. Como les ocurre a muchas actualmente, debido a una serie de problemas tu empresa se ve obligada a hacer un recorte de plantilla y, en tu oficina, se ha despedido ya a varias personas, algunas de ellas más veteranas que tú. Corren rumores de que todo tu departamento está a punto de desaparecer definitivamente.

Has sido un trabajador ejemplar y leal; nunca has escatimado dedicación ni energías y solo has faltado al trabajo diecisiete veces en dieciocho años. Sabes jugar en equipo y le has ahorrado a la empresa miles de dólares durante el desempeño de tu cargo al haber sabido agilizar en todo momento los trámites administrativos.

Es viernes por la tarde, el momento elegido para tu «ejecución». Al volver a tu puesto después de comer, encuentras sobre tu escritorio una nota escrita en papel de oficina de color rosa, en la que se requiere que te presentes de inmediato en el despacho del jefe. Tu mente es un torbellino de pensamientos y emociones, todos malévolos. Te sientes traicionado. Estás furioso, asustado y a la defensiva.

Se apodera de ti un torrente de pensamientos, que dicen más o menos: «Le he dado a esta empresa los mejores años de mi vida, pero nunca se me ha valorado ni se ha valorado mi trabajo. Es verdad que el jefe ha sido cordial conmigo, pero nunca me he fiado de él. Y esa mata peluda que lleva por bigote... ¡Qué vergüenza! Seguro que bebe, y que le da patadas a su perro. ¡Dios, cómo odio esta empresa!».

De camino hacia el despacho del jefe, te das cuenta de que tienes un nudo en el estómago, de que te sudan las manos y te flaquean las piernas, todos ellos síntomas físicos provocados por el tumulto de pensamientos que bullen sobre un estofado de emociones volcánicas.

Cuando entras en el despacho, ahí está el jefe, sentado detrás de un caro escritorio; a su lado, se ven varios palos de golf apoyados contra la pared. Empieza a hablar:

—Como sabes, la empresa ha tenido que hacer recortes en todos los departamentos. Pronto, el tuyo desaparecerá por completo.

«Lo sabía —siseas al espirar—. Estoy acabado.» El jefe continúa:

—Eres uno de los empleados a los que tenemos en mayor estima. Has sido muy valioso para la empresa, y tu lealtad merece nuestro más sincero agradecimiento. En este momento nos vemos obligados a crear un nuevo departamento que facilite la transición que está viviendo la empresa, y queremos proponerte que seas tú quien lo dirija. Trabajarías las mismas horas que hasta el momento, pero nos gustaría ofrecerte un sustancioso aumento de sueldo. ¿Qué me dices?

En un instante te transformas. Ahora te encanta la empresa. Amas tu trabajo y adoras incluso el mostacho peludo del jefe. Acabas de convencerte de que es un santo y piensas que su perro es muy afortunado de tenerlo como amo. Todos los desagradables síntomas corporales que se habían manifestado un momento atrás se ven reemplazados por los equivalentes físicos de la dicha. Sientes que estás en la cima del mundo.

Esta es una excelente descripción de cómo la seguridad interior está basada en la percepción. Si percibimos peligro o discordia, nos sentimos inseguros; si advertimos armonía y apoyo, nos acomodamos plácidamente allí donde estemos. Pero ¿qué es eso que percibimos que nos hace sentirnos inseguros? O lo que es más importante, ¿qué comprensión es la que nos permite sentirnos relajados y a gusto en un mundo de caos, guerra y absurdo derroche de los recursos naturales y humanos? ¿Qué ámbito armonizador es ese que hay dentro de nosotros, y cómo podemos acceder a él? Y la respuesta, amigo mío, es más sencilla de lo que puedas imaginar.

## Puntos principales del capítulo 3

- ✧ Es nuestra experiencia común que las emociones influyen en el pensamiento, y el pensamiento influye en nuestras acciones.
- ✧ Nuestro nivel de seguridad determina el tipo de emociones que experimentamos.
- ✧ Un aumento de seguridad personal se manifiesta en confianza, paz y estabilidad interiores, mientras que la inseguridad engendra ansiedad, duda y desconfianza.
- ✧ Generalmente no somos conscientes de nuestro nivel de seguridad, puesto que reside en un lugar distante y silencioso de nuestra mente.
- ✧ Nuestra percepción de lo seguros o inseguros que nos sentimos es lo que determina la calidad de nuestras emociones, pensamientos y acciones.

# Capítulo 4

# EN BUSCA DE SEGURIDAD

*Me asombra que haya gente que aspire a conocer el universo,*
*con lo difícil que resulta ya no perderse en el Barrio Chino.*

WOODY ALLEN

## PONER EL CARRO DELANTE DEL CABALLO

Nuestra mente es capaz de crear grandes pensamientos y teorías, tanto útiles como destructivos. Las necesidades emocionales son el acicate para importantes invenciones en el plano material. La compasión que sentimos por los niños que mueren de hambre moviliza nuestra mente y creamos organizaciones de rescate que coordinan las iniciativas procedentes de los más diversos lugares del mundo. Por otra parte, la ira y la desconfianza producen armas que nos cuesta creer que existan, con un poder destructivo inimaginable. Sí, es cierto que nuestras mentes demuestran tener un asombroso poder organizativo, aunque, tristemente, ese poder suela estar fuera de control. Pero hay algo que está muy por encima de la mente, tanto en poder como en armonía; algo que escapa al alcance de nuestra mente y que, sin embargo, la llena por completo; algo que es progenitor y protector de cada una de las mentes de la creación, incluida la tuya. Y ese algo es la conciencia pura.

Ya he hablado extensamente sobre la conciencia pura en libros anteriores, así que no voy a entrar en demasiados detalles en este momento. Lo único importante es que sepas que existe, y que percatarse de la conciencia pura es vital para el funcionamiento pleno y armonioso no solo de nuestras emociones y pensamientos, sino también de la salud de tu cuerpo y la calidad de sus acciones. El hecho de darse cuenta de la conciencia pura es también lo que determina cómo percibes el lugar que ocupas en tu entorno inmediato, en el mundo y, de hecho, en el universo entero.

Pronto aprenderás a tomar conciencia de la conciencia pura sin necesidad de hacer ningún esfuerzo y, desde esa plataforma de armonía, paz y potencial infinito, sabrás cómo acallar las emociones destructivas, organizar el proceso de pensamiento y crear una acción potente, que te reportará prosperidad de una manera tan natural, fácil y divertida que te preguntarás cómo es que no lo está haciendo ya el mundo entero. En realidad, llevo años haciéndome esa misma pregunta. Los seres humanos, o sea, tú y yo, estamos hechos para ser libres y amantes del disfrute. Tenemos todo cuanto se necesita para ello, pero parece que miráramos la vida a través del cañón de la escopeta, y no del visor. Hemos puesto la vida del revés al concederles un valor desmedido a los frutos de nuestro trabajo y apenas valorar toda la organización que subyace. Pero eso va a cambiar. ¿Estás listo? Bien, entonces adelante.

## Experiencia: encontrar nada

*Gira la cabeza hacia la izquierda y mira un objeto.*
*Ahora, rápidamente, gira la cabeza hacia la derecha y mira otro objeto.*

¿Qué pasaba por tu mente mientras girabas la cabeza del primer objeto al segundo? Nada, ¿no? Tu mente estaba en blanco. Repítelo las veces que quieras; el resultado será siempre el mismo: ¡nada!

¿Qué es esa nada? «Bueno, Frank —respondes—, es una pregunta un poco extraña. Nada es nada». Pero resulta que esta nada no está vacía. Hay algo en ella, algo que tu mente ha pasado por alto, algo que es la esencia, no solo de todo lo que investigamos, sino de todo lo que somos. ¿De qué diantre podemos estar hablando? Vamos a averiguarlo.

## Siéntate a ver la película de ti

Vuelve a hacer el ejercicio de «encontrar nada»: mira un objeto a tu izquierda y luego, rápidamente, gira la cabeza hacia la derecha y busca otro objeto. La mente estaba en blanco mientras pasabas del primer objeto al segundo, pero tú seguías siendo consciente, ¿verdad?, no decidías en ese momento hacer una incursión en la memoria ni redactar mentalmente tus últimas voluntades, ¿me equivoco? Mientras tu mente estaba vacía de pensamientos, tú seguías consciente, ¿no? Al girar la cabeza, la mente, que se encontraba entre un objeto y otro, se ha desconectado y ha dejado en blanco la pantalla de la conciencia pura, sin que nada se proyectara en ella. No hacía falta pensar, así que se te ha dejado a solas con la conciencia despejada para que te hiciera compañía. Eso es a lo que llamo conciencia pura, porque no es que en ese instante seas consciente de algún pensamiento, emoción o forma; eres consciente de la conciencia pura. En realidad, eres conciencia pura, ella es tu naturaleza básica. Todo lo que sabes y experimentas está fundamentado en ella. Buda lo expresó así: «Ver nada es percibir el Camino»; los Beatles dijeron: «Nothing's gonna change my world» (Nada va a cambiar mi mundo), y Frank asegura: «El secreto es nada». ¿A qué nos referimos?

Cuando te haces consciente de un árbol, la impresión que deja en tu mente se proyecta en la pantalla de la conciencia pura. Eso es lo que denominamos un pensamiento. En este caso, se trata de un pensamiento acerca de un árbol; no es el árbol en sí, ¿verdad? El pensamiento del árbol queda impreso en la conciencia pura, al igual que queda impresa la película en la pantalla del cine. La pantalla ya estaba allí, pero la película no empieza hasta que las imágenes se proyectan en ella. Lo mismo sucede en tu mente. El vivir no comienza hasta que las imágenes de la vida –los pensamientos, las emociones y las percepciones del mundo exterior– se proyectan en la pantalla de tu mente: la conciencia pura.

El problema surge cuando nos olvidamos de la conciencia pura y creemos que las imágenes que se proyectan en nuestra mente son reales, cuando pensamos que el árbol que aparece en nuestra mente es una representación exacta del árbol real que hay en el jardín de nuestra casa, lo cual equivaldría a ir al cine y creer que somos uno de los personajes de la película que se está proyectando en la pantalla. Cuando crees que formas parte de la película, ríes y lloras, te enamoras y te desenamoras, y experimentas todas las alegrías y tristezas que la película te ponga delante, olvidando durante un rato que, detrás de todo ello, como soporte de todas las imágenes, está la pantalla, y que sin ella no habría película. Como de vez en cuando vas al cine, ya sabes todo esto. Pero como persona que vive dentro de su mente, has olvidado que todas las imágenes de tu vida existen porque existe la conciencia pura, que es la pantalla de tu mente, y que no podrían existir si no se reflejaran en ella.

Cuando te haces consciente de la conciencia pura, sucede algo asombroso: te liberas de las cargas que han definido tu existencia hasta entonces y disfrutas de una total ausencia de esfuerzo, como si de repente hubieras encontrado tu lugar en el flujo de la vida. Ya no tienes la impresión de ir nadando contra corriente, o de que el torrente de la vida te pase de largo mientras estás atrapado sin remedio en un remolino próximo a la orilla. No me gusta mucho mezclar las metáforas, pero es como si te salieras del drama de la película y te sentaras entre el público. Desde ahí, puedes disfrutar por completo de lo mejor de cada mundo. Sentado entre el público, disfrutas de la seguridad que te da saber que lo que estás viendo no es real, y eso te permite gozar de la película por lo que es: una alusión a la vida. ¿Te das cuenta de que la percepción de la conciencia pura es la pieza que falta en la jerarquía de la seguridad-emoción-pensamiento-acción?

Cuando eres consciente de la conciencia pura, te percatas de tu naturaleza básica, que es ilimitada e inalterable. Tu naturaleza básica, la conciencia pura, es tu verdadera esencia, que está más allá del sufrimiento y la muerte. Así que, a la vista de lo que acabamos de aprender, la respuesta a la pregunta «¿qué tiene más poder, lo que piensas o lo que eres?» obviamente es *lo que eres*. (Ya pensabas que me había olvidado por completo de la pregunta, ¿a que sí?)

Cuando eres consciente de la conciencia pura, te sientes seguro, y lo estás, pues eres una esponja cósmica que absorbe la expansiva estabilidad, la fuerza, la paz y la dicha de la conciencia pura. Pronto, y sin ningún esfuerzo, la discordia emocional y mental empieza a diluirse en la vastedad de tu Ser. Te impregnas de la paz, la armonía y la estabilidad absoluta que es la conciencia pura, y tu vida es a partir de entonces un reflejo de esas cualidades. Cuando no eres consciente de la conciencia pura... Bueno, eso ya lo conoces.

Conciencia de la conciencia pura ⟶ seguridad inquebrantable ⟶ emoción sana ⟶ claridad de pensamiento ⟶ acción dinámica

Hacerse consciente de la conciencia pura es una gran aventura, pero eso no es todo. Y ahora llegamos por fin al tema central de este libro: la Eumoción (abreviatura de «eufórica emoción») y lo que esta aportará a nuestra vida. Dicho en pocas palabras, la Eumoción satisfará tu más profundo deseo. Sí, el deseo más profundo, el más desesperado, el que se esconde en la parte más recóndita y desolada de tu mente se verá complacido cuando conozcas la Eumoción. ¿Qué me dices? No es un mal comienzo, ¿no te parece? Pero lo verdaderamente estupendo es que cualquiera puede experimentar la

Eumoción, y eso te incluye a ti. No es necesario que te fíes de mi palabra, ya que pronto podrás demostrártelo a ti mismo.

No quiero adelantarme, pero estoy tan entusiasmado por poder compartir esto contigo que te diré solamente que, cuando la Eumoción y tú os hagáis amigos inseparables, te tengo reservada otra sorpresa. Quiero que aprendas a reescribir la película que es tu vida. Una vez que la Eumoción se asiente en tu percepción consciente, aprenderás a conseguir todo lo que quieres de la vida: más dinero, relaciones más profundas, un trabajo más satisfactorio, viajes, más tiempo libre y, muy importante, más disfrute. Pero antes de que volvamos tu mundo del revés, vamos a dedicar unos minutos a aprender algo más sobre la Eumoción y cómo obra todas estas maravillas.

## Puntos principales del capítulo 4

- ✧ La conciencia pura escapa al alcance de tu mente y, sin embargo, la llena por completo.
- ✧ Hemos puesto la vida del revés al concederles un valor desmedido a los frutos de nuestro trabajo y no a la fuente de nuestra existencia.
- ✧ La nada que hay entre dos pensamientos es conciencia pura.
- ✧ La conciencia pura es nuestra naturaleza básica. Todo lo que sabes y experimentas está fundamentado en ella.

✧ El vivir no empieza hasta que las imágenes de la vida se proyectan en la pantalla de tu mente, que es la conciencia pura.

✧ La percepción de la conciencia pura es la pieza que falta en la jerarquía seguridad-emoción-pensamiento-acción.

✧ Cuando eres consciente de la conciencia pura, te sientes, y estás, completamente seguro.

# Capítulo 5

# LA EUMOCIÓN

*Al final, lo que importa no son los años*
*de vida, sino la vida de los años.*

ABRAHAM LINCOLN

## A LA MENTE LE ENCANTA LA EUMOCIÓN

La Eumoción es una entidad de lo más extraordinaria, única en la creación, ya que es a la vez ilimitada y finita. Es el primer indicio de conciencia que hay en nuestra mente, los primeros rayos de luz creativa que van camino de convertirse en los objetos y pensamientos de nuestro mundo. La Eumoción es *lo único* que está libre de contradicción y restricción.

A la mente le encanta la Eumoción. Es a un tiempo la esencia de tu Ser interior y la promesa de las alegrías que aún están por llegar. Una vez asentada en la conciencia de la Eumoción, a la mente no le falta nada. La Eumoción es seguridad completa, y cuando eres consciente de ella estás a salvo, pues constituye los cimientos de la seguridad inamovible que todos buscamos. La mente que vive en la Eumoción se adentra en las traicioneras junglas de este mundo peligroso con precisión absoluta, para poder deleitarse en su belleza y estar a salvo de sus espinas.

El prefijo *eu* proviene del griego y significa «bien», «bueno» o «verdadero». Me gusta considerar la Eumoción como la emoción *verdadera*. Para que algo sea verdadero, debe sustentarse a sí mismo, sostenerse sobre su propia verdad, por así decirlo. No debería fragmentarse, disolverse ni transformarse en algo distinto de lo que es, sino ser eternamente estable e inalterable. Todo lo creado tiene un nacimiento, una vida y, finalmente, se disuelve o muere; por eso suelo decir que la vida es el campo de la muerte. Todo lo que hay en ella ha de morir; todo, excepto la Eumoción. Porque la verdad suprema no puede cambiar. La conciencia pura es suprema e inalterable. No ha nacido ni puede perecer. La Eumoción es la única cosa creada que comparte ese atributo con la conciencia pura: está presente siempre, dispuesta a brindar su apoyo y su guía en todo momento.

La Eumoción ha existido siempre y siempre existirá; no viene y va como las emociones relativas que estallan igual que fuegos artificiales en la oscuridad de nuestra mente. Es la luz suave y pura del alba. La Eumoción está contigo en este mismo instante. ¿La sientes? Ha estado contigo toda tu vida, esperando a que la reconozcas. Y de vez en cuando lo has hecho, cuando la vida estaba en sus momentos álgidos. Es posible que la Eumoción se apoderara de ti de forma inesperada mientras estabas tranquilamente sentado en un banco del parque, o a la orilla de un arroyo escuchando su suave murmullo. La has sentido con profundo deleite en la tierna caricia de un amante, o te has dejado consumir completamente por su dicha sumido en la pasión amorosa.

La Eumoción está siempre vigilante, a la espera de la más leve indicación de que quieres acogerla en tu vida. Está siempre lista, con los brazos abiertos, dándote la bienvenida como la madre que recibe al hijo que ha estado lejos de casa demasiado tiempo. Se podría decir que es una puerta abierta a la espera de que entres por ella.

Tu mente identifica la Eumoción como dicha, paz, quietud, silencio, amor ilimitado, beatitud, éxtasis, etcétera, pero las Eumociones no son sentimientos. Lo que conocemos como sentimientos, es decir, la felicidad, el entusiasmo, la ira, el pesar, el amor condicional, los celos, el miedo, etcétera, vienen y van con los vaivenes de la vida; dependen de circunstancias como ganar dinero, perder a un ser querido o conseguir un nuevo trabajo, y controlan la mente de continuo, tiñéndola del color de la emoción a la que corresponden. La Eumoción, por el contrario, es la pureza que hay más allá de la mente, el lienzo sobre el que se pintan tus emociones.

En realidad, hay una sola Eumoción. Al principio, cuando la Eumoción empieza a tomar forma en el nivel más sublime de la creación, refleja la unidad de la conciencia pura. La mente no puede percibir la unidad y, por tanto, no es capaz de percibir la unidad de la Eumoción en este nivel. Pero, pronto, la Eumoción empieza a entusiasmarse con la creación y, al cristalizar, atrae más forma a su alrededor. Estos primeros átomos formados en lo más profundo de la mente son los reflejos de la pureza de la Eumoción; son semejantes a los colores del arco iris, que se fraccionan a partir de un solo rayo de luz solar pura. Los colores del arco iris de la Eumoción son lo que reconocemos como paz, amor y beatitud; de ahí que a la mente le parezca que existen muchas Eumociones, pero, en realidad, solo hay quietud ilimitada.

Cuando las simples emociones se reflejan en tu mente, siempre guardan relación con preocupaciones por el pasado o por el futuro. Piénsalo. Si estás preocupado o ansioso por algo, tu mente está apresada en el futuro, y si sientes culpa, remordimiento o dolor por la muerte de alguien, está instalada en el pasado. Hay sentimientos condicionales de todas las formas, tamaños e intensidades. Rara vez tenemos emociones puras. Lo que normalmente sentimos es una apasionada mezcla de emociones, unas más fuertes y otras más débiles, y acabamos, así, con una especie de potaje emocional que hierve y borbotea justo por debajo de nuestro nivel de percepción consciente, pero que, de todas maneras, tiene un marcado efecto en nuestro comportamiento externo. Todo esto es demasiado complicado para que nos ocupemos de ello; mejor les dejamos la cata de ese potaje emocional a los profesionales de la psicología y otros campos asociados. La Eumoción está libre de la influencia de la causa y el efecto. Es simple, pura y singular, y ahí es donde empieza nuestro relato.

## La serpiente que se come la cola

He trabajado mucho en mi vida de adulto. Sobre todo, intentando iluminarme. Para mí, la iluminación era un estado de felicidad eterna, y tenía la utópica idea de que, cuando me hubiera iluminado, caminaría sobre una nube de beatitud, mirando hacia abajo a las masas que sufren y diciéndome a mí mismo: «¡Buf! Fíjate en toda esa gente que sufre. ¡Menos mal que estoy por encima de todo eso!».

La iluminación era mi meta, y tenía un ardiente deseo de alcanzarla lo antes posible. Poco sabía yo que el propio deseo que me puso en el camino hacia la libertad me tenía, de hecho, prisionero en un laberinto sin fin que continuamente giraba sobre sí mismo. El deseo es Uróboros, la serpiente que se come la cola. Cuando el deseo ha terminado contigo, no queda nada, lo cual, si eres capaz de aceptarlo, es algo bueno, ya que *nada* es el principio y el final del camino, y también el medio, aunque sean muy pocos los que lo reconozcan así.

Voy a darte un pequeño consejo. Cada vez que te descubras recorriendo un camino en busca de la dicha ilimitada y la libertad eterna, salte de él inmediatamente. Si algo es ilimitado y eterno, por fuerza ha de estar donde ya estás, y no necesitas un camino para llegar a donde ya estás, puesto que ya estás ahí. ¿Tiene sentido lo que digo? Deja de esforzarte, y la paz te estará esperando como la calma después de la tormenta.

EXPERIENCIA: ENCONTRAR NADA EN EL CAMINO

*Realiza una acción simple, como dejar sobre la mesa el libro que estás leyendo o caminar de un lado a otro de la habitación —cualquier actividad sencilla puede valer—. En mitad de la acción, párate de repente y, en ese mismo instante, préstale atención a lo que tengas en la mente. Luego, a lo que siente el cuerpo.*

Cuando te detengas en medio de cualquier acción, descubrirás que la mente está vacía y el cuerpo, quieto. Independientemente de dónde te encuentres o de lo que estés haciendo, ya sea una acción simple o el viaje de tu vida, la *nada* está siempre contigo..., ¡siempre!

Necesitas recorrer un camino para comprar en el supermercado o conseguir cierta seguridad económica. Los caminos son necesarios para buscar y encontrar las cosas relativas de nuestras vidas, pero cuando se trata de obtener algo que está en todas partes todo el tiempo, como la conciencia pura y la Eumoción, un camino es de lo más inútil. En realidad, es peor que inútil; es un derroche de vida.

No puedes lograr algo que ya tienes, por mucho que lo intentes. Si crees que hay un camino para llegar al amor ilimitado, tu creencia te está cegando; los árboles no te dejan ver el bosque. Puedes intentarlo una y otra vez, todas las veces que quieras, esforzarte durante años y años, y ni aun así podrás conseguir lo que ya tienes. ¿Cómo lo sé? Porque yo ya lo intenté innumerables veces.

En una ocasión dejé de intentarlo, y me sentía tan bien que pensé: «Si no intentarlo me hace sentirme tan bien, ¡imagina la paz que tendría si de verdad me aplicara a ello!». ¿Te das cuenta del despropósito de pensar así? La paz llega al realizar menos actividad, no más. Los momentos de paz nunca nos vienen mientras estamos atendiendo siete cosas a la vez, sino cuando la mente está en reposo. Si me hubiera quedado en la modalidad *dejar de intentarlo*, la paz habría sido permanente. Pero preferí seguir intentándolo e intentándolo hasta el aburrimiento.

Te contaré un error muy común. Una vez que alcanzamos una meta, una vez que conseguimos algo por lo que hemos trabajado con ahínco, nos sentimos bastante bien y, acto seguido, pensamos que el bienestar se debe a que hemos obtenido lo que queríamos. En realidad, el bienestar íntimo, el sentimiento de bienestar profundo, se debe a que ya no tenemos que seguir intentando conseguir lo que quiera que fuese. Hay un pequeño espacio de completo no hacer, y ese espacio se llena de dicha, de paz o de un sentimiento de satisfacción; pero, como malinterpretamos la naturaleza de la paz, tratamos de llenar ese espacio con nuevas actividades, y así, poco después de haber alcanzado la cima anhelada, empezamos a estar un poco inquietos y rápidamente buscamos otra montaña que escalar.

A veces ni siquiera podemos disfrutar del merecido momento de quietud, porque nuestra mente está ya puesta en el futuro, anhelando una nueva conquista. Sabe que la felicidad es fugaz; de ahí que busque sin cesar la felicidad permanente. Y aquí es donde entra la Eumoción.

La Eumoción está en todas partes todo el tiempo. Por eso te decía que siempre ha estado contigo. Y si la Eumoción está ahí contigo en este instante y no eres consciente de ella, ¿dónde la puedes buscar y qué deberías hacer para encontrarla? Por increíble que parezca, la respuesta es simplemente que no hace falta ir a ningún sitio ni hacer nada, salvo tomar conciencia de ella. ¿Y cómo hacerte consciente de ella? Muy sencillo: sin intentarlo, sin crear esfuerzo. Ese es el secreto, la llave para descerrajar el amuleto del sufrimiento que has llevado colgado del cuello desde que dejaste atrás la niñez. Deja de intentar.

Este es un ejercicio para que veas a qué me refiero.

### EXPERIENCIA: CÓMO PERCIBIR SIN ESFUERZO

*Piensa en un número del uno al diez. Ahora, visualiza mentalmente un color. Por último, piensa en un árbol muy alto. Ahora, haz las tres cosas seguidas, una justo a continuación de otra: piensa en el número, el color y el árbol.*

Cuando has pensado en el número y después en el color, ¿cuánto le ha costado a la mente pasar de uno a otro? ¿Te has dicho: «De acuerdo, mente, vamos a pensar en el número. Y ahora que tenemos el número en mente, vamos a cambiar de perspectiva para pensar en el color. Bien, ahora que ya tenemos el color claramente definido, volvamos a cambiar de perspectiva para pensar en el árbol». Está claro que la mente no funciona así. Ha pasado de forma automática y sin esfuerzo de un objeto al otro. El proceso no ha supuesto ningún trabajo.

Pero no nos equivoquemos. Este ejercicio no te enseña a percibir sin esfuerzo; eso ya lo haces. Su verdadero valor estriba en que te hace consciente de la falta de esfuerzo que se da en el proceso de percibir. Si intentaras hacer cualquier cosa, lo único que conseguirías sería interferir en el proceso.

Así que, veamos, ¿qué hemos aprendido hasta el momento? Para empezar, sabemos que la Eumoción es ilimitada y, puesto que está en todas partes todo el tiempo, siempre ha estado contigo. La emociones usuales, como la ira y la ansiedad, no son ilimitadas, sino que están sujetas a nuestro pasado y a nuestro futuro, a nuestros recuerdos y a nuestros temores y esperanzas. El carácter y la intensidad de nuestras emociones varía dependiendo del grado de seguridad que sintamos en cada momento. El oleaje de las emociones puede zarandearnos y voltearnos como si fuéramos un barco sin timón en medio del océano tempestuoso, o podemos echar el ancla en la estabilidad de la Eumoción, lo cual nos dará paz interior, dicha y amor. No necesitamos hacer nada para ser conscientes de la Eumoción salvo percibirla. Y si percibir no exige ningún esfuerzo, percibir la Eumoción tampoco.

Claro, te preguntarás: «Pero, si es tan fácil de percibir, ¿cómo es que no lo he hecho hasta ahora?». Sí, es verdad que percibir no exige ningún esfuerzo, pero es como el haz de luz de una linterna: no tienes más que dirigirlo hacia aquello que quieres ver y, ¡abracadabra!, distingues el objeto iluminado resplandeciendo en tu conciencia. Ahora bien, por muy sencillo que sea el proceso, si apuntas la linterna en la dirección contraria, nunca encontrarás lo que estás buscando. La única razón por la que la Eumoción escapa a tu percepción es que estás mirando en la dirección equivocada. Una vez que aprendas a encontrar la Eumoción —es decir, una vez que aprendas hacia dónde debes girarte para percibirla—, nunca la volverás a perder. Mi tarea es girarte para que mires en la dirección correcta, y luego quitarme de en medio y dejaros solos a la Eumoción y a ti para que os vayáis conociendo.

## PUNTOS PRINCIPALES DEL CAPÍTULO 5

✧ Todo lo creado, excepto la Eumoción, tiene nacimiento, vida y finalmente se disuelve o muere.

# *la* Eumoción

◆ La Eumoción es única en la creación, ya que es a la vez ilimitada y finita.

◆ La Eumoción está contigo en este instante.

◆ La Eumoción no es un sentimiento relativo como la ira, el dolor o la felicidad, pero la mente la identifica como profunda alegría, paz, quietud, silencio, amor ilimitado, beatitud, éxtasis, etcétera.

◆ Las simples emociones siempre guardan relación con el pasado o el futuro. La Eumoción es la percepción consciente de la perfección del presente.

◆ La Eumoción está aquí mismo, en este mismo instante; y no necesitas un camino para llegar adonde ya estás.

◆ La paz interior (la Eumoción) sobreviene cuando dejas de intentar encontrarla.

◆ Para encontrar la Eumoción, no hay que ir a ningún sitio ni hacer nada, salvo *tomar conciencia de ella*.

# Capítulo 6

# CÓMO FUNCIONA EL QUANTUM ENTRAINMENT

*¿Quieres ser grande? Pues comienza por ser. ¿Quieres
construir un edificio que llegue hasta el cielo? Entonces
piensa primero en que su fundamento sea la humildad.
Cuanto mayor y más alta sea la mole que tratas de levantar,
tanto más hondo habrás de cavar sus cimientos.*

SAN AGUSTÍN

OFREZCÁMOSLE UN PLÁTANO A TU MENTE

Las mentes de la mayoría de la gente funcionan, la mayor parte del tiempo, con el piloto automático. Quiero decir que el pensamiento sigue su curso, pero el pensador es muy poco consciente de lo que está sucediendo; sus pensamientos serpentean con pereza por la papilla mental que llena la mayor parte de las horas del día que pasamos despiertos. Exceptuando momentos puntuales que lo requieren, como pisar de golpe el pedal del freno al ver que se encienden de pronto las luces rojas de freno del coche de delante, o al recibir una carta certificada de Hacienda, el observador común no suele prestar atención. Es como encender la radio y olvidarse de ella. La mayor parte del día, es un simple ruido de fondo, hasta que suena una canción conocida y la conciencia *despierta* para escuchar unos cuantos compases antes de volver a entrar suavemente en el habitual estado de conciencia distraída. A este pensar inconsciente lo llamo conciencia común. Es débil, indisciplinada y destructiva, el síntoma de un pensar en el que no estamos receptivos al abrazo de la Eumoción.

El Quantum Entrainment (QE) es el proceso que conecta la consciencia común con la Eumoción. A esa mente ingobernable, el QE la despierta a la dicha de la conciencia ordenada. Dirige nuestra percepción consciente, de la caótica turbulencia de la conciencia común al orden perfecto y absoluto de la conciencia pura que está más allá de la mente. La conciencia pura no es energía pura, sino que está más allá de la energía; no es orden perfecto, sino que está más allá del orden; en ella no hay pensamientos. Comprenderás, por tanto, que la conciencia pura es *nada*, y si te pasaras el día en un estado de conciencia pura, no harías *nada*, literalmente. (Así que todavía hay esperanza para aquellos de vosotros a los que un amigo o un familiar os haya dicho que no llegaréis a *nada* en la vida.)

La conciencia común crea caos y sufrimiento. La conciencia pura no crea nada. Si nos dejamos arrastrar por el pensamiento automático de la primera, no somos conscientes de la segunda, y si somos conscientes de esta última, no somos conscientes de nada más. ¿Qué vamos a hacer, entonces, si ninguno de los dos estados nos ofrece por sí solo la dicha de ser plenamente humanos? Me gustaría hacer hincapié en la palabra «plenamente», pues tanto vivir solo en uno de estos dos estados como en el otro es un vivir incompleto; la respuesta es combinar la conciencia común, activa, con la ilimitada conciencia pura. Cuando el QE incita a tu mente a ir más allá de sí misma y entrar en la conciencia pura, no le pide que se quede allí para siempre, ni te permite tampoco regresar a las tendencias destructivas de un pensar sin fundamento. El QE es bastante listo. Le ofrece a tu mente lo que siempre ha buscado: la Eumoción, que la ancla en la conciencia pura ilimitada mientras, a la vez, le permite pensar y sentir activamente y crear perfecta armonía en sus infinitas expresiones.

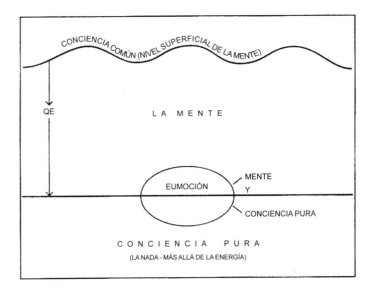

No es algo para lo que debas adiestrar la mente. De hecho, si alguna vez has intentado adiestrar la mente para que haga cualquier cosa o, peor aún, para que no haga nada, sabrás la cantidad de esfuerzo y energía que se necesita. Ser consciente de la Eumoción es algo que la mente está deseando hacer, así que lo hace encantada en cuanto se le da la oportunidad. Como si le ofreciéramos un plátano a un mono, el QE le ofrece a la mente algo de lo más deletéreo..., perdón, quiero decir delicioso y tentador. (Tranquilos, ¡solo quería despertaros a aquellos de vosotros que hayáis vuelto sin daros cuenta a la conciencia común!) Para la mente traviesa, la Eumoción es como ese plátano. Con facilidad y sin ningún esfuerzo, la conciencia común se asienta en la dulce seguridad de la Eumoción omnipresente.

He llamado a este estado de conciencia expandida —cuando la mente es receptiva a la Eumoción— conciencia del Ser. Una vez que la mente está establecida en ella, no puede agitarse, distraerse, ser vengativa ni lujuriosa, contrariarse ni confundirse. Cuando la mente está absorbida en la belleza, el amor o la dicha, es sensible a la Eumoción en la conciencia del Ser. Piensa en las secuencias de mayor alegría y amor de tu vida. ¿Podías estar ansioso, enfadado o distraído en esos momentos? ¡Imposible! Cuando la Eumoción se refleja en tu mente, eres incapaz de ningún tipo de discordia o disonancia, pues en esos momentos estás firmemente asentado en los fundamentos de lo que significa ser humano. Desde ese fundamento de la conciencia del Ser, solo eres capaz de crear el bien máximo. Has entrado en ese país que habitan los grandes sabios, artistas, maestros, humanistas y sanadores de este mundo. Ya hablaremos más sobre lo que significa ser plenamente un ser humano después de que hayas aprendido lo fácil que es serlo.

Toda esta charla sobre la Eumoción me ha abierto el apetito de experimentarla realmente. ¿Y a ti? ¿Estás preparado para dejar atrás la conciencia común en favor de pensar y sentir desde la pureza y la paz de la Eumoción? Entonces, como siempre me ha parecido de mala educación hacer esperar a alguien, sin más preámbulos ha llegado la hora de que te presente a la Eumoción.

## Puntos principales del capítulo 6

- ✧ La conciencia común es el síntoma de un pensar en el que no estamos receptivos al abrazo de la Eumoción.
- ✧ Ni la conciencia común ni la conciencia pura nos ofrecen por sí solas la dicha de ser plenamente humanos.
- ✧ El QE es el proceso que conecta la conciencia común con la Eumoción.
- ✧ La mente está deseando ser consciente de la Eumoción, y lo hace encantada una vez que se le da la oportunidad.
- ✧ Conciencia del Ser es ser consciente de la Eumoción mientras realizas tu actividad cotidiana.
- ✧ Desde el fundamento de la conciencia del Ser, solo eres capaz de crear el bien máximo.
- ✧ Una vez que llegas a la conciencia del Ser, has entrado en ese país que habitan los grandes sabios, artistas, maestros, humanistas y sanadores de este mundo.

# Capítulo 7

# CÓMO REALIZAR EL QUANTUM ENTRAINMENT (CÓMO CONOCER LA EUMOCIÓN)

*La iluminación es la comprensión de que esto es todo,*
*de que esto es perfecto, de que esto es cuanto hay. La*
*iluminación no es un logro, es la comprensión de que*
*no hay nada que lograr, ningún lugar a donde ir.*

OSHO

## SALTO MENTAL CON PÉRTIGA

Quizá ya hayas oído hablar del Quantum Entrainment. Este es el nombre formal que le he dado al proceso de percibir la Eumoción. El QE traslada la conciencia común a un estado de conciencia pura, donde percibe la Eumoción. Por lo tanto, el QE ha cumplido su misión cuando deja de funcionar. Invita a la mente que se halla en un estado de conciencia común a deslizarse con naturalidad al estado no activo de la conciencia pura. En ese momento, su trabajo ha concluido. Si continuáramos *haciendo* algo para *quedarnos* en esa conciencia pura, la actividad del hacer nos expulsaría de dicho estado de perfecta quietud. El QE es como la pértiga que usa el saltador para que le eleve por encima de la barra. Una vez que ha alcanzado la altura máxima, la suelta, pues si siguiera agarrado a ella, la pértiga derribaría la barra y desharía todo aquello por lo que el saltador ha trabajado. Al cabo de años de entrenamiento, al final, el saltador únicamente consigue el éxito cuando se suelta de todo; solo cuando está suspendido en el aire por encima de la barra, libre de todos los esfuerzos y los entrenamientos, triunfa realmente. Con la mente sucede lo mismo. Solo cuando se suelta del adiestramiento y el esfuerzo puede estar en quietud absoluta. La belleza del proceso del QE es que se quita de en medio y deja que la mente repose tranquila en la conciencia del Ser.

El QE es un proceso que conduce a la no acción, y ¿podría haber algo más fácil que no hacer nada? Para no hacer, no se puede trabajar con ahínco; eso sería una total contradicción, ¿no te parece? Realizar el QE es sencillo y fácil, y aprenderlo, también. Sin embargo, es muy preciso, así que asegúrate de que sigues las indicaciones completamente, de principio a fin. Dentro de muy poco, caminarás por tu mundo totalmente despierto, en la conciencia del Ser.

(*Nota:* quizá algunos de vosotros queráis aprender la técnica de sanación de la triangulación del QE como preparación para el proceso más refinado del QE que le sigue. Es una buena práctica y os ayudará a familiarizaros con los reflejos sutiles que la Eumoción tiene en vuestra mente. La triangulación del QE es un proceso de tres pasos, sencillo y mecánico que, con facilidad y rapidez, traslada la conciencia común a la conciencia pura y la Eumoción. Es la técnica de sanación QE básica que cientos de miles de personas han aprendido leyendo estas instrucciones. Es mejor llevarla a cabo con un compañero, pero la puedes realizar solo si no tienes con quién trabajar. Para aprender la técnica de sanación de la triangulación del QE, consulta el Apéndice, donde he incluido en su totalidad el capítulo «Cómo curar en tres pasos» de mi primer libro, *La curación cuántica*).

## Vamos a aprender el QE

Como preparativo para aprender el QE, necesitarás una silla cómoda y una habitación tranquila donde no vayan a molestarte ni tus familiares, ni tus amigos, ni el perro, ni el gato, ni ningún teléfono durante treinta minutos. También puedes hacer que sea otra persona la que te lea estas instrucciones, siempre que se limite a leer lo que está escrito y no intente entablar ningún tipo de conversación contigo. O puedes grabarlas, asegurándote de dejar un espacio de pausa cuando se te indica que permanezcas un rato con los ojos cerrados. Bien, ¿listo?

Siéntate cómodamente y cierra los ojos. Deja que la mente vague, que vaya adonde quiera durante los próximos quince a treinta segundos, y limítate a observar los pensamientos que vienen y van. Ahora hazte más consciente de lo que estás pensando. No importa cuál sea el contenido; préstale mucha atención a cualquier pensamiento que cruce por la pantalla de tu mente. Centra en ellos toda tu atención, aunque sin hacer ningún esfuerzo por intentar vigilarlos o concentrarte en ellos. Siéntete distendido y, a la vez, ten la atención centrada, como un gato que vigila la madriguera de un ratón. Continúa observando tus pensamientos con una atención centrada y fluida durante uno o dos minutos.

# *la* Eumoción

No leas más hasta haber observado atentamente tus pensamientos durante ese par de minutos. Te espero...

De acuerdo, ¿has terminado ya? Bien, entonces continuemos.

Mientras observabas atenta e inocentemente tus pensamientos, te habrás dado cuenta de que, casi de inmediato, se silenciaban y ralentizaban, ¿no es cierto? En lugar de hablar atropelladamente y en voz alta, se iban haciendo más tenues y escasos a medida que el pensar se suavizaba. Recuerda que no tiene importancia lo que hagan tus pensamientos. Da igual que sean bulliciosos o reposados; tu tarea consiste en ser el observador perfecto y estar simplemente atento a cada nueva dirección que tomen. Eso es todo cuanto has de hacer: observar con tranquilidad y atención.

¿Por casualidad te has dado cuenta de que en algunos momentos los pensamientos se paraban del todo? Al ir haciéndose más tenues, quizá hayas advertido que acababan por diluirse y lo único que quedaba era conciencia pura. Asombroso, ¿eh? Pero esto es solo el principio.

¿Te has fijado también en que después de hacer la primera parte del ejercicio tu cuerpo estaba más relajado y tu mente más silenciosa? Estos son los deliciosos beneficios de hacerte consciente de la conciencia pura, tanto si los has advertido como si no. Pronto empezarás a funcionar en este nivel silencioso, más refinado, incluso en medio de las más agitadas situaciones cotidianas. Pero nos quedan todavía unas cuantas cosas por hacer, así que retomemos el hilo.

Vuelve a cerrar los ojos. Con inocencia y atención, vigila tus pensamientos como antes. Esta vez te resultará más fácil, y tal vez descubras que los pensamientos se asientan rápidamente o que se detienen del todo. Observa con atención durante un par de minutos, y después, fíjate en cómo te sientes.

Una vez más, te espero...

Durante esos dos o tres minutos, habrás sentido cierta tranquilidad y sosiego, y habrás advertido, a la vez, algo parecido a la quietud, al silencio o a la paz. Nota que, cuando estos están presentes, te sientes mejor. Es posible que también hayas sentido dicha, amor, compasión, júbilo o beatitud. Dedica un momento a identificar ese sentimiento agradable que tienes ahora mismo. Ese sentimiento es tu Eumoción.

Esta vez, cuando te sientes con los ojos cerrados, lo que me gustaría que hicieras es lo siguiente: observa tus pensamientos, y espera a que la Eumoción surja en tu conciencia. Recuerda que tu Eumoción puede ser algo tan sencillo como la quietud o el silencio, o tan profundo como el éxtasis. Ninguna Eumoción es mejor que otra. Cualquiera que sea la tuya, simplemente obsérvala con tranquilidad; tus pensamientos darán paso bien a un estado de ausencia de pensamientos (conciencia pura) o bien a la Eumoción. Lo que quiera que haya —pensamientos, Eumoción o conciencia pura—, obsérvalo con sencillez e inocencia, y no hagas nada más. Esto es muy importante: no hagas nada salvo observar los pensamientos, y espera a que surja tu Eumoción. Cuando esta aparezca en tu conciencia, céntrate en ella con claridad e intensidad. Entretanto, mientras nada sucede, sé consciente de la conciencia pura. En ese momento, limítate a esperar en estado de conciencia pura hasta que la Eumoción surja de nuevo. Después, disfruta de la profundidad y el sabor de la Eumoción observándola con claridad y sin esfuerzo.

¿Ves lo sencillo que es? Ante cualquier cosa que aparezca en la pantalla de tu mente, tu posición es siempre la misma: eres el observador, nada más. *Nunca interfieras en tus pensamientos ni en tu Eumoción o intentes controlarlos.* Créeme, no necesitas hacer nada. ¿Has tenido que hacer algo para sentirte de pronto relajado, en paz? No, es automático. Una vez que eres consciente de tu Eumoción, su sabiduría se ocupa de todo. No lo compliques, o regresarás al camino del esfuerzo, la lucha y el sufrimiento.

Ahora revive el proceso del QE con los ojos cerrados, tal como antes lo he descrito. Haz esta sesión durante cinco minutos aproximadamente. Cuando termines, abre lentamente los ojos y continúa leyendo...

¿Cómo te sientes ahora? ¿Percibes en este instante tu Eumoción? ¿Sí? ¿Te das cuenta de que tienes los ojos abiertos y eres consciente de ella? ¿No te parece increíble? Antes tenías los ojos cerrados y te has sumergido en las profundidades de tu mente para encontrarla, ¡pero fíjate en lo que ha ocurrido! La Eumoción ha salido contigo a la actividad del mundo exterior. ¡Eso sí que es alucinante!

Recuerda que esa Eumoción es ilimitada y omnipresente, así que está siempre contigo; el único problema ha sido que la has ignorado durante la mayor parte de tu vida. Y la volverás a ignorar, solo que ahora, practicando el QE con regularidad, la recuperarás rápidamente con un momento de reflexión. Estás sentando los cimientos para una vida que está más allá de lo que la mente pueda imaginar, y, en un futuro no muy lejano, te darás cuenta de repente de que vives una existencia de dicha que excede con mucho tus más ambiciosas expectativas.

Pero todavía no hemos terminado. En realidad, lo mejor está aún por llegar. Me gustaría que continuaras con el proceso del QE tal como lo acabas de aprender. Cierra los ojos y observa lo que pase por la pantalla de tu mente. Estate alerta hasta que seas consciente de tu Eumoción, y luego obsérvala con delicada atención. Sin interferir, indaga profundamente en ella. Si se transforma en otra Eumoción distinta, escruta profundamente la nueva. Haz esto de tres a cinco minutos.

Luego, cuando te parezca que es el momento oportuno, abre los ojos despacio y continúa con el QE. Sentado con los ojos abiertos, mirando al frente, hazte consciente de tu Eumoción. Sigue realizando el QE con los ojos abiertos. Tendrás pensamientos, Eumoción y conciencia pura, todos ellos con los ojos abiertos. Prosigue durante uno o dos minutos más, y luego levántate lentamente y mira algún objeto que haya cerca. A continuación, hazte consciente de tu Eumoción. Ahora mira otro objeto mientras observas tu Eumoción.

Cuando estés preparado, camina lentamente por la habitación. Siente cómo se mueve tu cuerpo, cómo te sostienes en equilibrio sobre una pierna, después sobre la otra, y la presión del suelo contra cada pie. Cuando tu Eumoción no esté presente, búscala de nuevo mediante la simple percepción consciente. Mientras caminas despacio por la habitación, haz que participen todos tus sentidos. Presta atención a los ruidos, al aire que roza tu cara; pasa la mano sobre una planta u otro objeto, y estate atento también al sentido del olfato y el gusto. Y mientras lo haces, vuelve una y otra vez a tu Eumoción en cuanto notes que no está presente. Párate y hazte consciente solo de ella, y siente cómo se identifica o modifica, transformándose en una Eumoción diferente.

En realidad, no es que cambie de tipo ni de intensidad; lo que ocurre es que cada vez eres más consciente de las infinitas manifestaciones de tu Ser (Eumoción) más allá de ti mismo. Este eres *Tú*, el *Tú* que has de ser, no enredado por completo en las actividades de tu ego manipulador, fundamentadas en el miedo, sino simplemente siendo, en contacto con tu Ser. Nada es más importante ni satisfactorio. A enamorarte de tu entorno mientras eres consciente de la Eumoción es a lo que se llama Conciencia del Ser, que es la base de la plenitud y de una valoración ilimitada de «lo que es». Dedicaremos un poco de tiempo a que te acostumbres a observar tu mundo con estos ojos nuevos, y, después de que consigas el equilibrio con la Conciencia del Ser, aprenderás la Intención del QE: cómo hacerle sugerencias personales y peticiones privadas a la Madre Naturaleza. Luego, desde la plenitud de la Conciencia del Ser, solo tendrás que observar cómo ella te construye un mundo nuevo.

### Breve repaso de lo que acabas de aprender

- Siéntate cómodamente con los ojos cerrados y deja que tu mente vague de diez a quince segundos.
- Observa tus pensamientos con sencilla inocencia, como un gato que vigila el agujero de un ratón.
- Poco a poco, tus pensamientos se irán ralentizando, silenciando o desaparecerán del todo.
- Continúa observando tranquilamente todo lo que suceda.
- Pronto percibirás un sentimiento bueno: tu Eumoción.

✧ Ahora observa tu Eumoción con clara y simple inocencia.

✧ Esta se intensificará o se transformará en otra Eumoción, o bien aparecerán los pensamientos.

✧ Ocurra lo que ocurra, limítate a observar lo que sucede, como si estuvieras viendo una película.

✧ Cuando abras los ojos, continúa este sencillo proceso de observación inocente.

✧ Muévete por la habitación, interactuando despacio con los objetos.

✧ En cuanto te des cuenta de que tu Eumoción ha desaparecido, detente y percibe lo que sientes, obsérvalo durante unos instantes y luego sigue explorando otros objetos. Esto es la Conciencia QE, la Conciencia del Ser.

## Puntos principales del capítulo 7

✧ El Quantum Entrainment conduce la conciencia común a la conciencia pura, donde percibe la Eumoción.

✧ La belleza del QE es que no interviene, sino que deja a la mente reposar con placidez en la Conciencia del Ser.

✧ Durante el proceso del QE, *nunca interfieras en tus pensamientos ni tu Eumoción o intentes controlarlos*.

✧ Ocurra lo que ocurra, limítate a observarlo, como si estuvieras viendo una película.

✧ Recuerda que la Eumoción es ilimitada, así que siempre está presente; lo único que necesitas hacer es ser consciente de ella. Tomar conciencia de algo no requiere esfuerzo.

✧ La Conciencia del Ser, la Eumoción en marcha, eres *Tú*, el *Tú* que has de ser.

# Capítulo 8

# VIVIR EN EL FONDO DE LA MENTE

*Entiendo la dicha como un sostenido sentimiento de bienestar
y paz interior..., una conexión con lo que es importante.*

OPRAH WINFREY

## MÁS ALLÁ DE LA ACCIÓN DEL TIEMPO

Al desvelar la Eumoción que hay dentro de ti, has descubierto el eje alrededor del cual gira tu vida entera. Cuando te haces consciente de la Eumoción, es como si tu vida echara el ancla en la esencia inamovible e ilimitada de la creación, a la que el tiempo no puede alcanzar. Sin conciencia de la Eumoción, la vida está desequilibrada; pero esta ya no es una de tus preocupaciones, por lo menos personales. Ahora que te encuentras entre aquellos que acaban de despertar, no hay tiempo para quedarse dormido en los laureles. Sí, es cierto que percibir la Eumoción no requiere esfuerzo, pero, a menos que tengas planeado vivir en una cueva, debes dedicar un poco de tiempo a integrar la Eumoción en tu actividad cotidiana. He escrito dos libros, *La curación cuántica* y *El secreto de la vida cuántica*, que pueden darte instrucciones detalladas sobre cómo hacer pequeños milagros a diario y, de vez en cuando, milagros más que grandes. Aprenderás a sanar los dolores y problemas físicos así como la desarmonía mental, y aprenderás también a aplicarle el QE a todo, desde el atletismo hasta el comer o el dormir. En *El secreto de la vida cuántica*, hay un capítulo entero dedicado a enseñar el QE a nuestros hijos, el pergamino en el que se escribirá nuestro futuro. Te sugiero que consultes estas obras para obtener información más detallada sobre las posibles aplicaciones de la Eumoción en tu vida. Te quedarás asombrado, encantado y entusiasmado al ir descubriendo cómo aplicar esa conciencia que acabas de conocer a las situaciones cotidianas.

El foco de atención de este libro, sin embargo, nos llevará en una dirección distinta, menos obvia. Al aprender el QE, aprendiste a trascender la actividad mental y emocional, así como a acceder a la conciencia pura. Luego, en lugar de olvidarte de la conciencia pura y regresar el mundo relativo, aprendiste a percibir la Eumoción. Esta ancla tu conciencia en el nivel más profundo y silencioso de tu mente, allí donde se crean los pensamientos. Asentado en la dicha inefable de la Eumoción, eres de hecho testigo de la creación; y, en cuanto te familiarices con tu papel de testigo, aprenderás a crear desde ese nivel de la vida extraordinariamente sutil y poderoso que hay en lo más hondo de tu mente. Este proceso de crear poder y gracia en tu vida, por no hablar de riqueza y bienestar, recibe el nombre de Intención del QE. Una vez que la asimiles, serás dueño y señor de la creación, y no tendrás que hacer nada.

Aprenderás a no hacer y, desde ese estado, serás capaz de satisfacer tus deseos, activando las potentes fuerzas que se formarán alrededor de esos deseos para hacerlos manifestarse en el plano material. Podrás usar la Intención del QE para disfrutar de soltura económica y control emocional, para resolver cualquier problema, curar cualquier dolencia crónica y, algo muy importante, ayudar a otros a reconocer los deseos de su corazón.

Me gusta simplificar las cosas todo lo posible. Allí donde miro, veo a la gente trabajar cada día más y conseguir cada día menos, y ese incremento de la cantidad de trabajo en detrimento de la calidad parece ser directamente proporcional al volumen de actividades que se intentan llevar a cabo. En el mundo de los negocios se ha puesto en marcha un proyecto dirigido a hacer menos y conseguir más, pero, por extraño que parezca, veo que la gente trabaja mucho para conseguir llevarlo a cabo. Es la naturaleza de una mente sin ancla, la mente activa del mundo moderno, hacer cada vez más en busca de la solución óptima; paradójicamente, sin embargo, es la mente quieta, anclada en la profunda armonía de la paz interior, la que ha encontrado la solución. El mantra de la mente QE es: «No hagas nada, y consíguelo todo». Una vez que te sientas cómodo paseándote por el fondo de tu mente, aprenderás la Intención del QE y cómo conseguirlo todo sin hacer nada.

En realidad, no es que podamos «usar» la Eumoción, pero sí ser conscientes de ella en las situaciones más diversas y contemplar cómo enriquece nuestra calidad de vida y la de quienes nos rodean. Es un proceso en verdad fascinante. Al principio, tu mente querrá arremangarse y poner manos a la obra en el asunto de la creación. Se oye al ego decir: «Yo puedo conseguir lo que me proponga, e incluso lograr que se manifiesten materialmente en mi vida cantidad de cosas de lo más interesante». Siente la imperiosa necesidad de demostrar su importancia y de tener cierto efecto en tu mundo. No es más que el ego pavoneándose; pero muy pronto comprenderá que tiene sentido soltarse, dejar que la naturaleza, o en este caso la Eumoción, siga su curso. Entenderá con claridad meridiana que la creación se ha llevado a cabo admirablemente hasta el momento sin su ayuda. Pronto, la carga del «Yo soy el creador» se nos cae de los hombros como una prenda gastada, para ser reemplazada por la comprensión de «Yo soy el observador a través del cual la creación se realiza».

### Es hora de plantar la semilla del loto de los mil pétalos

Por tanto, no voy a hacer hincapié en la acción magistral de la creación exterior como he hecho en libros anteriores, sino que ahora vas a aprender a establecerte en el profundo silencio del Ser y, desde ese lugar sublime, guardar secretamente una semilla de la que brotará el loto de los mil pétalos de tu vida. La plenitud interior se reflejará en cada aspecto de tu vivir, ¡y tú también podrás manifestar materialmente cantidad de cosas de lo más interesante! De modo que conozcamos el siguiente paso para la creación de paz interior y abundancia exterior. Puedes empezar por hacerte consciente de tu Eumoción mientras realizas actividades tranquilas. Pero, antes, siéntate en una silla y haz el siguiente ejercicio.

## EXPERIENCIA: SENTARSE CON LA EUMOCIÓN

*Busca una silla cómoda en un lugar donde nada vaya a molestarte durante al menos quince minutos. Desconecta el teléfono, saca al perro o al gato de la habitación, cierra la puerta y siéntate cómodamente. Repite «cómo realizar el Quantum Entrainment», el ejercicio que aprendiste en el capítulo 7. Una vez que hayas caminado tranquilamente por la habitación identificando los objetos que haya a tu alrededor, vuelve a la silla y cierra los ojos. Ahora repite el proceso del QE y toma conciencia de la Eumoción. Hazlo durante cinco minutos aproximadamente.*

*Al cabo de ese tiempo, mueve despacio uno de los dedos y luego, inmediatamente, hazte consciente de la Eumoción durante cinco o diez segundos. Después, mueve la mano entera y regresa a la Eumoción durante otros cinco o diez segundos. Repite este proceso con otras partes del cuerpo, recordando mover esa parte y luego regresar a la Eumoción. Puedes pasar, por ejemplo, de la mano a la nariz, de esta al ojo izquierdo, después a la rodilla derecha, a continuación al pelo... No importa a cuál te dirijas ni en qué orden; únicamente acuérdate de mover esa área físicamente y, luego, hazte consciente de la Eumoción durante cinco o diez segundos. Para finalizar, termina con otro período de entre tres y cinco minutos de QE, la conciencia inocente de la Eumoción.*

Me gustaría que realizaras este ejercicio, «sentarse con la Eumoción», entre dos y cuatro veces al día. A ser posible, las sesiones deberían durar quince minutos cada una, pero no es obligatorio que sea así; con tres o cuatro sesiones de cinco minutos cada una, será suficiente. Haz lo que puedas, pero sé diligente y practica a diario durante los próximos tres o cuatro días. Es importante que establezcas una base verdaderamente sólida de Conciencia del Ser sobre la que asentar la Intención del QE. Repasa al menos una vez al día las instrucciones sobre cómo practicar el QE para asegurarte de que no adquieres ningún mal hábito. Te interesa pasar todo el tiempo posible con la Eumoción en el fondo de tu mente, pues desde este nivel de conciencia crearás tu vida de nuevo.

No tienes por qué restringir la práctica a cuando estés sentado. En cualquier momento que pienses en ello –mientras conduces, hablas con un compañero de trabajo, te cepillas los dientes o realizas cualquier otra actividad–, hazte consciente de la Eumoción y de la profunda quietud que la acompaña. Permite que sea una actividad de la que puedas disfrutar, no una tarea rutinaria y tediosa. Pronto te darás cuenta de que tu mente se dirige hacia la Eumoción de forma automática en cuanto se le presenta la ocasión. Déjate llevar y acuérdate de establecer contacto con ella cada vez que se te venga a la mente. Quizá seas consciente de ella durante unos minutos o unos segundos; por ahora eso da igual. Recuerda: «Si no es fácil y divertido, no es Quantum Entrainment».

Durante los próximos días, mientras vas sintonizándote cada vez más con la sosegada e ilimitada naturaleza de la Eumoción y ratificas la orden silenciosa de la Conciencia del Ser a lo largo de tu jornada, hay varias cosas más de las que me gustaría hablar contigo. Querría, sobre todo, que examináramos más de cerca la mente, el ego, el deseo y la mecánica del sufrimiento. Creo que te resultará un diálogo fascinante, y estoy impaciente por contarte un sinfín de cosas. Así que, agárrate fuerte, ¡allá vamos!

## Puntos principales del capítulo 8

✧ La mente que *no* tiene conciencia de la Eumoción crea cada vez más actividad intentando encontrar soluciones para los problemas, cada vez más numerosos.

✧ Es el ego quien quiere ser el hacedor.

✧ La respuesta suprema a los innumerables problemas que nos acosan es: «No hagas nada y lo conseguirás todo».

✧ Practica «sentarse con la Eumoción» varias veces al día, en sesiones de entre cinco y quince minutos cada una.

✧ Practica la Conciencia del Ser (la Eumoción en marcha) en cualquier momento en que pienses en ella durante el día: mientras conduces, hablas, comes, etc.

Capítulo **9**

# EUMOCIÓN, EGO Y CREENCIA

*Nada perdura, todo cambia.*

Heráclito

El núcleo ilimitado de la creación

La Eumoción es ilimitada, la primera y más exquisita expresión de la forma. Es como la combinación de la lente y el celuloide de un proyector de cine. La luz de la conciencia pura brilla a través de la lente de la Eumoción y se transforma en familiares diseños de luz y oscuridad que vemos en la pantalla y reconocemos como una «película». Las luces y sombras de la pantalla son una representación de la vida que vivimos fuera de la película. Lo que quiero destacar aquí es que todas las formas creadas emanan de la Eumoción, de tu esencia vital... ¡de ti! Supongo que, por tanto, sería más acertado llamarla «*Tu*-moción». ¿Empiezas a hacerte una idea de cuál es tu verdadero estatus? ¿Te vas dando cuenta del papel que desempeñas en la creación de este universo? Tú eres el núcleo ilimitado de la creación, del que nace el cosmos, gracias al cual se mantiene y en el cual se disuelve. No estás en el universo, sino que el universo está en ti. Solo la creencia de que eres la película te impide valorar tu verdadero Ser y la posición que ocupas en el juego y manifestación de la eternidad.

Tal vez hayas oído decir que «eres el creador de tu mundo». Es un precepto que casi siempre se malinterpreta. Hay un pequeño *tú* y un gran *Tú*. El gran Tú es la Eumoción, y el pequeño tú es el ego. Para evitar cualquier posible confusión sobre a qué me refiero en cada momento, llamaré al *Tú* Ser o Eumoción y al *tú*, yo o ego. Cuando se nos dice que somos los creadores de nuestro mundo, casi siempre lo contemplamos a través de los ojos limitados del ego, sujetos a la causa y el efecto, y esto suele crear problemas, dado que las necesidades del ego están limitadas a las necesidades del individuo. La conciencia del individuo reflexiona sobre sus propias necesidades, que se reducen a protegerse y procrear. Esto es así por definición. Y la conciencia individual está desconectada de la conciencia universal.

Incluso en el caso de que se tenga aspiraciones altruistas, siempre es para satisfacer las limitadas preocupaciones individuales. Quizá conozcas a gente que se enorgullece de la labor que realiza para organizaciones benéficas, iglesias, personas sin hogar, etcétera. Muchas veces son individuos con un aire de prepotencia; en casos extremos, incluso se convierten en personas arrogantes y despóticas. En el otro extremo del espectro están los excesivamente complacientes, que casi consiguen ahogar sus cargas con un fingido sentimiento de servicio a los demás, de humildad y preocupación; pero sus buenas obras quedan muchas veces eclipsadas por su comportamiento forzado, que no es más que la manifestación externa de un ego que no ha conseguido satisfacer la necesidad interior de reconocimiento o aceptación. La motivación básica en este caso no es diferente de la que alienta a la persona que ambiciona poder, fama o fortuna; solo la expresión cambia. Fue Cristo quien nos advirtió que no se puede alcanzar el reino de los cielos con buenas obras, pues estas pueden estar suscitadas por la debilidad, el miedo y todo tipo de motivos ocultos.

## El ego es una sombra

Cuando la conciencia individual se expande hasta disolverse en la conciencia universal, es la sabiduría universal la que guía nuestras acciones individuales; ella sabe lo que es necesario hacer, dónde es necesario hacerlo y cuándo. Cuando la conciencia pura brilla a través de la lente del ego, se distorsiona a causa de los miedos y esperanzas que el ego lleva en lo más profundo de sí, y dichas distorsiones engendran ansiedad y deseos desequilibrados, que nos arrastran por caminos retorcidos y tormentosos cuyo fin no llega hasta que el viajero exhala su último aliento.

El ego no es una entidad; no tiene sustancia real. El ego es una sombra, una distorsión de la luz y la oscuridad proyectada sobre la pantalla de la conciencia. Los síntomas del ego son los atributos del yo: quién eres, qué quieres y cómo reaccionas a lo que la gente piensa de ti. El ego está vivo y contento cuando asumes la autoría de tu vida. Cuando estás convencido de que eres tu cuerpo-mente, de que eres padre o hija, de que tienes un trabajo y una familia, un pasado y un futuro, anclas tu creencia en el mundo fenoménico del cambio. Cuando crees que cualquier elemento de la creación forma parte de tu Ser original, acoges el cambio, y el cambio es muerte.

¿Sabes de dónde proviene el ego? ¿Sabes cómo se forma y por qué? ¿Sabes cómo satisfacer su insaciable sed de poder? El ego puede ser el matón del patio del colegio o su temerosa víctima, puede ser dañino o servicial, pero siempre actúa en beneficio propio y siempre lo hace por miedo, incluso cuando adopta el papel del bravucón.

El ego es un pedazo del todo, o al menos así es como se percibe a sí mismo. Es una fina sección de sombra, oscuridad sumida en la oscuridad, que intenta encontrar la luz y que surge cuando la conciencia se aparta de la luz interior del Ser. Cree que las cosas y los pensamientos pueden llenar la vacía oscuridad en que se ha convertido. Vamos a examinar con más detalle cómo nace el ego.

La conciencia común es la conciencia del ego. En pocas palabras, si no somos conscientes de nuestro estado ilimitado como testigos de la creación, solo nos damos cuenta de nuestras limitaciones. Lo que hace el proceso del QE es conducir la conciencia común, limitada, a la plena realización de nuestro Ser interior expresado como Eumoción. Cuando somos conscientes de la Eumoción y actuamos, a lo cual denominamos Conciencia del Ser, esa acción es expresión del todo, de la totalidad que abarcamos en nuestra conciencia. En la Conciencia del Ser, no sentimos realmente que nosotros seamos los ejecutores de la acción, sino que somos más bien los observadores —contemplamos cómo tienen lugar las acciones a través de nuestro cuerpo-mente—. Lo que de hecho sucede en la Conciencia del Ser es que el papel del ego queda subyugado, mientras que las fuerzas creativas puras de la vida se expresan a través de nosotros. Si me permites hacer otra analogía, no demasiado original, sería algo así: imagina que vas sentado en tu automóvil haciendo el viaje de tu vida; bien, pues cuando experimentas la Conciencia del Ser durante el viaje, el ego pasa al asiento de al lado, y tu Ser toma el volante. Se produce una especie de cisma de la conciencia. Mientras te identificabas con el ego (eso es precisamente el ego: la identificación individual), también tenías la sensación de que el coche lo conducía otra persona; la diferencia es que ahora se trata de un conductor omnisciente y benévolo, que sabe exactamente adónde va y cómo llegar sano y salvo, así que puedes relajarte y disfrutar del viaje. A medida que, con el tiempo, la Conciencia del Ser se expanda y refine, empezarás a darte cuenta de que eres tanto el conductor como el pasajero, pero vamos a dejar esta historia para más adelante.

En cuanto dejas de ser consciente de la Eumoción, el ego vuelve a ocupar el asiento del conductor, y todas las preocupaciones que acompañan a la navegación a tientas de la carretera de la vida regresan atropelladamente a tu conciencia, con lo cual desaparece la alegría del viaje, al tener que poner toda la atención simplemente en no salirte de la carretera. De este modo, se ha restablecido la conciencia común, y el ego reanuda su frenética búsqueda de paz y felicidad.

La Eumoción es omnipresente, está más allá del espacio, el tiempo y la muerte. No hay nada que pueda destruirla, pues es la creadora, y por tanto está más allá del miedo.

# *la* Eumoción

Cuando la conciencia escapa de la ilimitada ancla de la Eumoción, se convierte en una conciencia localizada e individualizada; se convierte en el ego.

## Desenredando las hebras de la ilusión

Ignorante de su naturaleza ilimitada, el ego se siente vulnerable, susceptible de ser destruido por lo que a su entender son las fuerzas foráneas de causa y efecto. Al desvincularse de lo infinito, tiene miedo por primera vez. Se siente solo frente al mundo y se ve en la necesidad de protegerse al tiempo que se une con dudosos aliados en esta guerra personal contra la muerte.

Debido a su desconexión de la conciencia pura, siente un profundo vacío interior, que intenta llenar con lo que le rodea. Trata de poseer y, por tanto, de controlar, cosas materiales: casas, coches y dinero. Invierte una gran cantidad de tiempo en controlar las relaciones. Se enamora del poder de la mente y manipula conceptos y sistemas de pensamiento con la esperanza de entender cómo llenar su vacío interior. El ego se sume en la actividad frenética para mantenerse ocupado, conduciendo con ansiedad el vehículo de tu vida hacia un número de objetos progresivamente mayor; quiere llenarse hasta rebosar de cualquier cosa que le ofrezca comodidad. Sentado a la mesa de la vida, es epítome de la glotonería, pues su hambre es insaciable. Cree que, si consigue recolectar suficientes cosas materiales de su mundo, llegará el día en que se sienta henchido y en paz. Sin embargo, esta decisión del ego, alentada por el miedo y basada en la percepción de su propia insuficiencia e ineptitud, es la única causa del sufrimiento humano, el eje alrededor del cual todos los egos,

84

presos en su porfía, giran en la rueda del karma, la rueda de la causa y el efecto. A esta ilusión de base la llamo «el error del ego».

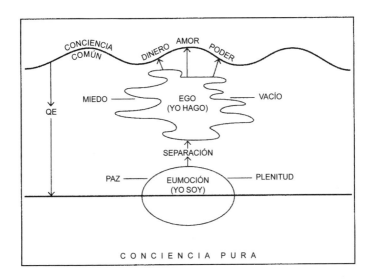

El error del ego lo arrastra siempre hacia fuera, cada vez más lejos de los brazos abiertos de la conciencia pura. El ego siente que debe nadar sin descanso, manteniendo la cabeza fuera de las aguas de la causa y el efecto, cuando, en realidad, lo que debe hacer es exactamente lo opuesto; pero, para el ego, esto sería un suicidio. De todos modos, en cuanto detenga su frenética agitación, volverá a hundirse hasta caer en las tranquilas profundidades de la mente, donde reposará en la plenitud de la Eumoción; y, una vez que tome conciencia de esta, quedará abolido el miedo, y el ego comprenderá instantáneamente que su verdadera naturaleza es la plenitud.

El ego no es malo, no es negativo; simplemente está perdido. No es algo que tengamos que eliminar. Al contrario, lo que hemos de hacer es expandirlo hasta que se haga infinitamente grande. Cuando toma conciencia de su naturaleza ilimitada, el ego relaja sus músculos tensos y se desliza al asiento del pasajero. Cuando está listo para reanudar el viaje por la carretera de la vida, adopta con serenidad su papel de testigo siempre agradecido y atento. En cuanto renuncia a tener el control, se da cuenta de que, en realidad, nunca estuvo al control de nada. Y luego sobreviene una bellísima y profunda comprensión: el ego se percata de que nunca existió fuera de la retorcida percepción de la individualidad y acepta gustosamente que su existencia no era más que una sombra que ha acabado por disiparse en la amorosa luz de la Eumoción.

Si te sientes orgulloso de tu trabajo, eso cambiará, y si tienes miedo a fracasar, eso cambiará también, lo mismo que lo hará el sentimiento de felicidad que puedas tener actualmente por la razón que fuere. Todas las cosas creadas cambiarán. Nacerán, durarán el tiempo que hayan de durar y se disolverán finalmente en la plenitud de la que nacieron. Esta no es solo la doctrina de los sabios, sino una ley inalterable de la física cuántica y de la física clásica; y, en momentos de silenciosa claridad, es también algo que todos podemos observar directamente. Nada de lo que conocemos es eterno. Todo se transforma, excepto el propio cambio.

¿Hace falta que te diga cuál es el problema de identificarnos con el mundo cambiante del ego? Si todo está siempre cambiando, ¿dónde piensas encontrar estabilidad? ¿Cómo esperas sentirte alguna vez seguro si no puedes confiar en que nada se mantenga inamovible? Todo aquello de lo que esperamos obtener seguridad —otras personas, nuestro trabajo, el dinero, la salud, la naturaleza, nuestros animales—, todo ello cambia, y, de esa forma, cambia también nuestro sentimiento de seguridad. La mente que vive sumida en la conciencia común conoce solo la muerte definitiva que el cambio provoca. Al mirar hacia su interior, ve un presuroso río de pensamientos que desemboca en un borboteante mar de emociones. ¿Qué seguridad hay en eso? No se puede erigir la seguridad sobre unos cimientos que continuamente se desplazan o se desmoronan.

Quizá te hayan dicho que eres responsable de todo lo que te sucede. Tal vez creas incluso que, si sufres, es por culpa tuya. Yo tengo una opinión distinta. El hecho de que sufras o no en este mundo depende por completo de la perspectiva que tengas. El problema es que creemos que está en nuestra mano procurarnos una vida mejor. Pero esto es una ilusión, el reflejo distorsionado de la mente, filtrada a través del ego, y no el claro reflejo de la conciencia pura a través de la Eumoción.

La razón por la que no podemos procurarnos una vida mejor es que esta ya es perfecta, solo que no somos capaces de reconocer su perfección. (Aunque, claro está, en realidad nuestra incapacidad para reconocer la perfección forma parte de la propia perfección, pero tardaría bastante en explicar esto, así que es mejor dejarlo para una ocasión más apropiada.) Con cuánta fuerza creemos en esa ilusión determina directamente la fuerza con que pensamos tener bajo control todas las situaciones que nos atañen. Cuando estamos seguros de que tenemos el control de todo, nos sentimos relativamente satisfechos de nosotros mismos y de nuestra posición en la vida. Y ¿por qué intentar desentrañar el misterio de la vida cuando todo nos va tan a pedir de boca, no te parece?

El problema es que necesitamos vigilar continuamente y de cerca esas fuerzas, que podrían hacernos caer en picado de nuestra pequeña montaña de logros personales y riqueza material. Cuanto más satisfechos nos sentimos, más tenemos que trabajar para mantener esa ilusoria sensación de seguridad interior, ¿no es verdad? La Madre Naturaleza se dedica a desenredar continuamente las hebras de la ilusión que se entretejen en el lienzo de nuestras vidas. Es incansable en su esfuerzo por despertarnos de la ensoñación en la que vivimos, del sueño al que llamamos *yo*.

Cuando sufrimos, estamos de hecho en una posición más ventajosa para ver a través de la ilusión de la causa y el efecto. Quien sufre sabe que lo que quiera que esté haciendo no funciona, y está sin duda más dispuesto a abandonar la idea de que lo tiene todo bajo control. El problema, desgraciadamente, es que en la mayoría de los casos pronto ponemos toda nuestra atención en recuperar el control, lo cual nos lanza de nuevo al mundo de la ilusión.

Por tanto, ¿cuál es la respuesta? ¿Qué es lo que buscamos? Si la vida no trata de apegos personales y riqueza material, ¿de qué trata entonces? ¿Dónde está el secreto, en tener una creencia, en el pensamiento positivo? Cuando vemos la verdad, no es necesario creer en nada y el pensamiento está en total concordancia con la expresión de la percepción. Lo importante en la vida no es intentar ver las cosas bajo una luz positiva. La vida es luz positiva. En última instancia, lo importante es aceptar las cosas exactamente como son. Cuando lo hacemos, la paz desciende sobre nosotros y lo vemos todo con una luz perfecta. No hay necesidad de intentar nada; no hace falta más que despertar a la realidad de «lo que es».

## La vida nos invita a acompañarla en el viaje

La vida se atiene a sus propias leyes y nos invita a acompañarla en el viaje. Puede que a veces parezca que tenemos control sobre ella y que conseguimos lo que nos proponemos, pero nadie logra lo que quiere todo el tiempo. La vida no va a amparar esa ilusión indefinidamente, y te engañas si opinas lo contrario. Basta con que mires dónde te encuentras hoy. ¿Estás cerca siquiera de donde hace diez años imaginabas que estarías, en el plano físico, emocional, económico, espiritual, intelectual y social? Puede que, en uno o dos de estos aspectos, te halles en las proximidades de lo que imaginaste; puede que tu situación sea mejor o peor que la que habías planeado, pero hay una cosa cierta: tu plan empezó a salirse del camino en el momento en que decidiste que podías lograrlo. Tanto si remas y remas dejando que tu barca avance suavemente río abajo como si empuñas los remos y hundes sus palas como un loco luchando contra la corriente, al final te darás cuenta de que la corriente del río no está bajo tu control; y *la vida no es sino un río*.

Si notas que te resistes a aceptar esta idea, es porque el ego te está tirando de la manga. Puede que sea algo difícil de creer. Espera un poco, y te ofreceré un enfoque alternativo que no solo te servirá de ayuda sino que será un gran alivio, más allá de lo que creas o no. Ni siquiera necesitas cambiar de creencia, ya que las creencias no cambian nuestro mundo; la Eumoción sí. Por tanto, mantén tus creencias intactas y sigue siendo consciente de la Eumoción, pues la conciencia de la Eumoción te permitirá conservar aquellas creencias que de verdad funcionan y, suavemente, disolverá aquellas que, en última instancia, no apoyan lo que es mejor para ti. Pronto te darás cuenta de que la creencia es un jugador relativo en el juego de la vida. Puedes experimentar plenamente el conocimiento que te ofrezco tanto si crees en él como si no.

Tienes que preguntarte por qué hay personas poco preparadas que son capaces de triunfar mientras que otras fracasan a pesar de tener una preparación impecable y un potencial fabuloso. Inventamos racionalizaciones como la suerte o el karma para explicar nuestra incapacidad de controlar el éxito y el fracaso. Son sistemas de creencias que nos ayudan a encontrar explicaciones para algo que observamos constantemente y a diario: que no tenemos control sobre nuestras vidas. A veces decimos que alguien tiene suerte, o que ha acumulado buen karma, pero el hecho sigue siendo que el éxito continuado escapa al control incluso de aquellos que están mejor preparados. La realidad es que la vida, las fuerzas que generan y dirigen nuestro mundo —desde la humilde ameba hasta el majestuoso movimiento de las galaxias— son las que tienen el control; y cuando estamos en armonía con esas fuerzas, la vida es un flujo que no exige de nosotros esfuerzo alguno. Si no aprendemos esta simple lección y continuamos remando contra la corriente de la vida, la lucha se convierte en una más de las infinitas variedades del sufrimiento. Lo que la vida nos tiene reservado nunca es lo que pensamos; nuestro pensamiento rara vez es lo bastante grandioso. La vida tiene mucho más que ofrecernos de lo que podamos imaginar. Así que lo mejor es que abandones de una vez la lucha y la idea de que sabes qué es lo mejor para ti y para el resto del mundo y dejes que la vida se siente al volante. Un poco más adelante aprenderás la manera de hacerlo. Te quedarás asombrado.

## LO QUE PERCIBIMOS ES LO QUE CREEMOS

Muchos dicen que podemos cambiar nuestra vida si de verdad creemos que podemos hacerlo, pero, como ya he explicado hace un momento, la creencia no tiene nada que ver con ello. La clave es la percepción, nada más. Lo que percibimos es lo que creemos. «Bueno, Frank —dirás—, sé que si creo firmemente en algo, con el tiempo empezaré a percibirlo como una verdad». Sí, es cierto, pero solo en parte. Parece uno de esos interrogantes imposibles de resolver, como el del huevo y la gallina. Existe el viejo dicho de que «ver es creer», pero igualmente se podría decir que «creer es ver», y cualquier actitud que sea expresión de un prejuicio ilustra a la perfección que uno ve aquello en lo que cree. El primer ejemplo que se me ocurre es el de los prejuicios raciales, de los que hay casos más que suficientes tanto en el pasado como en el presente. Si creemos que un individuo perteneciente a una raza, grupo socioeconómico o sexo determinado es menos capaz, inteligente, dispuesto o cordial, casi con total seguridad buscaremos en él ese comportamiento para que ratifique nuestra creencia. Por tanto, ¿cómo vamos a desenredar este dilema creencia-percepción? La respuesta es bastante simple.

Podemos considerarlo desde la perspectiva de la causa y el efecto. Si sopla sobre un árbol una ráfaga de viento huracanado y lo derriba, podemos decir que el viento fue la causa y que la caída del árbol fue el efecto. Si preguntamos luego qué causó ese viento huracanado, podemos contestar que fue el calor que ascendía del océano al mezclarse con el aire frío procedente de las alturas. Si seguimos razonando y preguntamos qué hizo que el océano se calentara, podríamos decir que fue el Sol. ¿Qué causó el Sol? La fusión del hidrógeno. ¿Qué causó el hidrógeno? Los átomos. ¿Qué causa los átomos? Las partículas subatómicas. ¿Qué causa las partículas subatómicas? La energía de las ondas. ¿Qué causa la energía de las ondas? El campo del punto cero (que en el terreno de la física es el equivalente de la Eumoción). ¿Qué causa el punto cero? El orden implicado (equivalente, en el terreno de la física, de la conciencia pura). ¿Qué causa el orden implicado, o la conciencia pura? Nada causa la conciencia pura. No tiene forma y, por tanto, no ha sido creada ni tiene causa.

Si tuvieras que elegir uno cualquiera en medio de esta cadena de sucesos, ¿la que eligieras sería una causa o un efecto? La respuesta es que sería lo que tú quisieras que fuera. El hidrógeno, por ejemplo, es a la vez una causa y un efecto: es la causa de la radiación solar y el calentamiento del océano, pero es también un efecto de los protones y electrones que forman sus átomos. Si quisieras ver en la fusión del hidrógeno una causa, podrías hacerlo, lo mismo que si quisieras ver en ella un efecto. La causa y el efecto son cuestión de una percepción relativa.

Y esta es la misma lógica que podemos aplicar a la creencia y la percepción. Puedes tomar cualquier suceso de la interminable cadena de la percepción, que influye en la creencia, que a su vez influye en la percepción, que nuevamente influye en la creencia, y seguir así hasta el infinito, y lo verás como efecto bien de la percepción o bien de la creencia, dependiendo de la postura que quieras defender.

Si necesitas dinero para pagar el alquiler, percibes la necesidad de dinero y, dependiendo de cuáles sean tus opciones, creerás que puedes conseguirlo o dudarás seriamente de ello. El hecho de que creas en el éxito o en el fracaso dependerá de cómo percibas las opciones que se te presentan: podrías trabajar más horas, pedir el dinero prestado, robarlo o someter las fuerzas de la naturaleza a tu voluntad haciendo un sutil trabajo de energía o una serie de afirmaciones. Basándote en tu percepción, elegirás la opción que creas que te proporcionará de un modo más efectivo el dinero del alquiler, y una vez que lo tengas, percibirás que el proceso ha tenido éxito y creerás que volverá a funcionar de la misma manera en el futuro. ¿Te das cuenta de cómo creencia y percepción están íntimamente relacionadas? Se inspiran mutuamente. Trabajan juntas. Pero, así como la fusión del hidrógeno se encontraba en medio de la cadena de causas y efectos que derribaron el árbol, la creencia y la percepción son las dos caras de una misma moneda.

Parece que estemos atrapados en una simple rotonda de la que no hay manera de salir; solo que, a nuestros ojos, no es circular. Pensamos que la causa y el efecto, la creencia y la percepción, son sucesos lineales, pero eso es únicamente debido a que nos encontramos demasiado cerca del problema. Lo que quiero decir es lo siguiente: si damos un largo paseo sobre una superficie plana, parece que estemos andando en línea recta, cuando, en realidad, vamos recorriendo la curva de la Tierra. Lo que ocurre es que, como la Tierra es tan descomunal y nuestros sentidos no perciben su curvatura mientras caminamos sobre ella, pensamos que vamos andando sobre una superficie plana y en línea recta. Sin embargo, desde la perspectiva del espacio exterior, damos un paso atrás, abandonamos nuestra percepción limitada y lineal de la Tierra y podemos ver con facilidad que su superficie está curvada. Esta percepción última, desde fuera del marco limitado de nuestra mente anclada en lo lineal, es la que nos libera de los conceptos erróneos, la confusión y el sufrimiento.

Podrías decir: «Con creer que la Tierra está curvada, me basta para actuar en consonancia; no necesito percibir realmente su curvatura». Buena observación, y funciona de maravilla hasta que tu paseo sobre una superficie plana cambie de repente. Recuerda que tu mente, el patio de juegos de la creencia-percepción, percibe solo el cambio. No hay líneas rectas en la naturaleza, y tu mente no puede mantener con carácter indefinido la ilusión de una línea recta. Es algo contrario a su esencia; tu mente debe centrarse en lo que está cambiando. En esta analogía de la línea recta, tu mente pensaría en la escalada de una montaña; se deleitaría en la exploración de picos, valles y cuevas, y le costaría mucho mantener la creencia de un mundo suavemente curvado mientras escalas recto hacia la cima la ladera de una montaña.

Mira, si la vida transcurriera en línea recta, tendríamos la respuesta a todo. Nuestros problemas son las montañas y los valles de nuestra vida, y, como estamos tan pegados a ellos, ya sean económicos, espirituales o del tipo que fuere, no conseguimos trascender la perspectiva causa-efecto, creencia-percepción. Planeamos nuestra vida en línea recta y pensamos que podemos controlar la causa y el efecto que llevan sucediéndose desde el principio de los tiempos. Pensamos que podemos hacerlo cambiando nuestras creencias o nuestra percepción. Pero no funciona así, y hace falta cantidad de esfuerzo y creencia para convencernos a nosotros mismos de que sí, de que es posible. Es necesario invertir una cantidad inconmensurable de energía para creer en lo que no es verdad.

Pero hay una manera, una manera que escapa por completo a esta aparente cárcel determinista de la causa y el efecto. Al igual que nos llega sin ningún esfuerzo la capacidad de flotar libremente cuando viajamos más allá del campo gravitatorio de la Tierra, todas las contradicciones inherentes a nuestra vida se resuelven cuando somos capaces de viajar más allá de las percepciones lineales de causa y efecto que nos impone nuestro vivir cotidiano. ¿Cómo se consigue? Me alegro de que lo preguntes.

Volviendo a nuestra analogía, ya sabes cómo flotar más allá de los confines de la gravedad terrestre, lo cual te ofrece un panorama exterior del mundo, una perspectiva ilimitada de la totalidad. Si la Tierra fuera tu mente, tu conciencia pura sería la nada del espacio exterior. La Eumoción orbitaría en un espacio ilimitado mientras observaba esa bellísima esfera azul a la que llamamos nuestro planeta. El proceso del QE es la nave espacial que te transportó más allá del efecto vinculante de la gravedad. Y ahora, mientras flotas libre de la gravedad terrestre, fuera del campo de influencia del mundo de causa y efecto que ves en la distancia, podrías maravillarte a placer de la diversidad y belleza de la Tierra sin que pudiera afectarte su violencia.

## Una mosca en la red cósmica de la creación

Cuando haces el QE y tomas conciencia de la Eumoción, eres consciente del Ser en la sede de la creación. Desde este lugar sublime, no es que seas creador, sino el observador supremo que supervisa toda la creación que se manifiesta a partir de ti. Los *Vedas*, las antiguas escrituras hindúes, lo comparan con una araña cósmica que teje la red de la vida con el hilo que extrae de sus entrañas. La mosca que se queda atrapada en esta colosal red de causa y efecto es el ego, la percepción limitada del yo, con sus ideas, esperanzas, miedos y creencias, y que, cuanto más lucha por liberarse, más se enreda en la red de la vida. Cuando el ego redobla sus esfuerzos por ser libre, su forcejeo atrae la atención de la Eumoción-araña, y finalmente, con compasión infinita, esta consume al ego, asimilando su conciencia a su propio cuerpo. De ese modo, cuando el ego se ha expandido más allá de su visión limitada, se disuelve en la unidad de la Hilandera y la observa pasar a la mosca siguiente.

El descubrimiento supremo es que la vida es perfecta exactamente como es. Hay una suprema armonía subyacente que impregna a toda la creación. De esto no hay duda. Todo es justamente como es. De esto tampoco hay duda. La desarmonía es el resultado de ver las partes sin percibir el todo, de mirar la vida a través de un túnel.

Veamos qué ocurriría si tomaras un tubo de cartón, te acercaras al ojo uno de sus extremos y situaras el otro a diez o veinte centímetros de un cuadro colgado en un museo, escucharas luego la descripción del cuadro que hace una persona que lo mira con ambos ojos abiertos desde una distancia de dos o tres metros, y compararas lo que ve ella con lo que ves tú. Con voz trémula, la persona describe las majestuosas montañas azuladas, la frescura y el verdor de los bosques y la pradera dorada, punteada de destellos de sol que se abren paso a través de las pesadas nubes plomizas. Asegura que el cuadro la llena de admiración. Cuando se te pide a ti que describas lo que ves y lo que sientes al mirarlo, respondes: «Veo una mancha marrón atravesada por un borrón gris. Siento que me estoy perdiendo algo». Por mucho que lo intentes, no serás capaz de ver la belleza ni de sentir la dicha que la otra persona ha descrito. Así que dices: «No me gusta ese color marrón ni los borrones grises superpuestos. Voy a cambiar de perspectiva». Y entonces cambias de posición el tubo y lo enfocas hacia otra parte del cuadro. Ahora ves una sección dorada y azul, y, como estos colores te resultan más gratos a la vista, exclamas: «Ah, ahora sé de qué hablabas y comparto tu dicha. El azul y el dorado son mucho más agradables de mirar que el marrón y el gris». Pero eso que crees está basado igualmente en una perspectiva limitada. El azul y el dorado pronto pierden su atractivo, y diriges una vez más el tubo hacia otro sector del cuadro, y luego hacia otro distinto, creyendo que, si logras enfocar suficientes puntos de la pintura, llegará un momento en que podrás unirlos todos y serás capaz, finalmente, de percibir el cuadro entero. Por supuesto, no será así, puesto que los fragmentos nunca darán como resultado final la sinergia del todo; pero, fiel a tu creencia, continuarás recopilando fragmentos de la pintura hasta que se apaguen las luces del museo.

¿Qué es lo que tienes que hacer para poder ver el cuadro completo? Te lo voy a decir: ¡nada! Sí, como lo oyes; no tienes que hacer absolutamente nada. Si estás totalmente presente en tu no hacer, dejarás de pensar en qué es lo que has de hacer a continuación, tu cuerpo estará completamente relajado y el tubo simplemente se te caerá de la mano. Espontáneamente y sin esfuerzo, verás entonces el cuadro en su totalidad. Gracias a ese simple acto de soltarte, experimentarás personalmente la admiración y la belleza que antes habían descrito aquellos que tenían una visión expandida.

Apreciar la totalidad es percibir la perfección. Ni todas las creencias y percepciones limitadas del mundo pueden hacer que esto suceda. Solo si te sueltas de todo y aprecias lo que tienes delante, tal como es, amanecerá en tu conciencia la asombrosa sencillez de la perfección. El control que aparentemente tienes sobre los fragmentos de tu vida es, lo mismo que mover el tubo de un punto a otro del cuadro, solo una ilusión. Es la insatisfacción de estar donde estás la que te obliga a moverte al punto siguiente, pero ningún punto ni colección de puntos de tu vida podrá tener jamás como resultado el asombro, la apreciación ni la admiración de un solo vislumbre de la perfección intrínseca del mundo en el que vives. Así como la perfección del cuadro siempre estuvo presente, ha estado presente siempre la perfección de esta vida. No necesitas hacer nada más que abrir los ojos a la belleza de tu Ser, lo cual es tan fácil como dejar que se te caiga de la mano el tubo de cartón. Pronto, aprenderás la Intención del QE, que está fundamentada en este solo punto: cuanto menos hagas, más perfección se reflejará en tu vida. No hagas nada, y percibirás una perfección que escapa por completo a cualquier creencia.

### PUNTOS PRINCIPALES DEL CAPÍTULO 9

✧ Cuando la conciencia individual se expande hasta disolverse en la conciencia universal, es la sabiduría universal la que guía nuestras acciones individuales.

✧ El error del ego: debido a su desconexión de la conciencia pura, el ego siente un profundo vacío interior.

Se aparta de la Eumoción e intenta llenar ese vacío con lo que le rodea.

✧ Que sufras o no en este mundo depende por entero de la perspectiva que tengas.

✧ La razón por la que no podemos procurarnos una vida mejor es que esta ya es perfecta; el problema es que no somos capaces de reconocer su perfección.

✧ Los sistemas de creencias nos ayudan a encontrar explicaciones para algo que observamos constantemente y a diario: que no tenemos control sobre nuestras vidas.

✧ Cuando hagas el QE y tomes conciencia de la Eumoción, te percatarás de tu Ser en la sede de la creación.

✧ El descubrimiento supremo es que la vida es perfecta exactamente como es.

✧ Apreciar la totalidad es percibir la perfección.

✧ Cuanto menos hagas, más perfección se reflejará en tu vida. No hagas nada, y percibirás una perfección que escapa por completo a cualquier creencia.

# Capítulo 10

# LA PERCEPCIÓN PERFECTA

*Si limpiáramos las puertas de la percepción,*
*lo veríamos todo tal como es: infinito.*

WILLIAM BLAKE

## CUESTIÓN DE PERSPECTIVA

Los seres humanos hemos evolucionado en condiciones muy precisas y bajo circunstancias muy restringidas. Piensa un poco: habitamos una sección increíblemente estrecha de este universo. En cuanto a nuestra presencia física, existimos a medio camino entre el átomo y la galaxia, y nuestras mentes no son capaces de aprehender ni la vastedad de una galaxia ni la distancia nanométrica entre los átomos. Las condiciones de nuestro planeta son también de carácter medio. El rango de temperaturas en el que existimos, por ejemplo, es extremadamente reducido, teniendo en cuenta que *nada más salir de casa*, en el espacio sideral, las temperaturas se

*la* Eumoción

acercan al cero absoluto. ¿A qué equivale eso? A -273,15° C,
o -459,67° F, que, de la manera en que lo recuerdo, debía de
ser aproximadamente la temperatura de los eneros que pasé
en Michigan. Y ahora compara la temperatura del espacio
exterior con la del centro del Sol, que es de 50 millones de
°C, o 27 millones de °F, es decir, casi la que tenemos durante
el verano aquí, en el sur de Florida. Es broma, claro. Los extremos en la superficie terrestre rondan los 57° C (136° F)
y los -89° C (-129° F), y la temperatura media de la Tierra
es de unos 15° C (60° F). Si comparas los extremos celestes
con los de nuestro planeta, podrás apreciar lo precario de
nuestra posición: un pequeño cambio en una dirección o en
la otra, y las historias personales de todos los seres humanos
que viven o han vivido jamás se disolverán en los átomos de
los que provienen.

Nuestra capacidad para percibir el entorno está igualmente limitada a un rango de receptividad sensorial extremadamente reducido. Nuestros sentidos solo captan las manifestaciones más bastas de la creación. Si golpeamos una
mesa con los nudillos, parece sólida; sin embargo, la física
sabe que la mesa está casi totalmente exenta de sustancia y
que son las ondas vibratorias, las partículas subatómicas, las
moléculas, etcétera, las que le dan esa apariencia de solidez,
lo mismo que ocurre con las aspas de un ventilador que gira
a gran velocidad. Interactuamos con nuestro mundo basán-
donos en cómo lo percibimos.

A continuación, estableceré una analogía con la gravedad, que muestra la diferencia de perspectiva entre la física newtoniana y la relatividad general de Einstein pero que,
sobre todo, revela cómo la percepción influye en nuestra

manera de pensar. Podemos establecer un paralelismo entre la física newtoniana y la percepción sensorial ordinaria. En términos generales, las leyes de Newton reflejan la vida en el nivel sensorial normal, del tacto, la vista, el oído, etcétera, mientras que la relatividad y la mecánica cuántica describen las fuerzas que rigen lo inmenso y lo diminuto, que escapan a la percepción sensorial humana normal.

Todos aprendimos que la gravedad es una fuerza de atracción. Un cuerpo grande, como el Sol, atraerá hacia sí a un cuerpo más pequeño, como la Tierra; y esta, a su vez, atraerá elementos más pequeños, como el agua, las rocas, o las personas. Lanzas una piedra al aire y luego te apartas corriendo, pues sabes que la gravedad terrestre la atraerá hacia sí y la piedra caerá aproximadamente en el mismo lugar desde donde la lanzaste. La realidad, sin embargo, es que la gravedad no es una fuerza de atracción como el magnetismo, y que los objetos pequeños se ven impelidos hacia los de mayor tamaño por el espacio-tiempo. Ya sé que suena muy complicado, pero es solo porque estamos acostumbrados a considerar que la gravedad es una fuerza de atracción. Vemos cómo todo resulta *arrastrado* hacia la Tierra y sentimos la gravedad en nuestro propio cuerpo, mientras que el empuje del espacio y el tiempo es mucho más abstracto. Pero lo que ahora voy a contarte hará que tu percepción dé un giro de ciento ochenta grados y te libere del concepto erróneo de que la gravedad lo atrae todo hacia sí.

Supongamos que estás mirando hacia abajo desde la ventana de un décimo piso. Justamente debajo de ti hay una esfera de gran tamaño situada en medio de un rectángulo. Ves cómo un hombre se acerca al borde exterior del rectángulo, coloca un pequeño objeto en el borde interior y, cuando lo suelta, el pequeño objeto resulta atraído de inmediato por la gran esfera que hay en el centro. Lo primero que se te ocurre es que la esfera es un imán, y que el pequeño objeto debe de estar hecho de hierro.

Te montas en el ascensor, llegas a la planta baja y, al salir a la calle, ves que el objeto rectangular es en realidad una cama elástica, y que la esfera que hay en medio de la cama elástica no es un imán sino una bola común y corriente hecha de material acrílico; el objeto pequeño resulta ser una canica de cristal. Lo primero que te preguntas es cómo es posible que el material acrílico atraiga al cristal, pero entonces te das cuenta de que el peso de la bola ha creado una profunda depresión en la cama elástica. Recoges la canica, vuelves a colocarla en el borde de la cama elástica y, cuando la sueltas, hace exactamente lo mismo que cuando la mirabas desde la ventana a diez pisos de altura: rueda directamente hacia la bola hasta chocar contra ella. Ahora sabes que no es que la bola atrajera a la canica, sino que esta se vio impelida hacia ella porque la parte exterior de la cama elástica estaba más alta que el centro. Si la cama elástica hubiera estado nivelada, la canica no se habría desplazado en ningún caso hacia la bola.

Los objetos de grandes dimensiones, tales como los planetas, distorsionan el *tejido* espacio-temporal —es decir, crean una depresión en él—, como hacía la bola en el tejido de la cama elástica. Fue Einstein quien descubrió que la gravedad es en realidad una fuerza de empuje, y este simple descubrimiento, junto con la llegada de la mecánica cuántica, revolucionó el campo de la física. Como resultado de dicho cambio de perspectiva, hemos vivido una insurrección tecnológica que ha afectado literalmente a cada una de las vidas de este planeta.

Ahora bien, no toda la humanidad está limitada estrictamente a la percepción de sus sentidos. Hay individuos excepcionales cuyos sentidos son capaces de una percepción que trasciende la solidez de los objetos cotidianos. Todos los seres humanos contamos con lo necesario para percibir más allá del nivel sensorial basto, solo que algunos de nosotros hemos de desarrollar deliberadamente esa percepción extrasensorial, mientras que otros llegan a ella de modo natural, y son capaces de ver, oír y sentir energías más sutiles de lo habitual. Entre este tipo de personas dotadas de una refinada agudeza sensorial, están los sanadores y ciertos individuos que demuestran tener una excepcional intuición médica, los chamanes, los yoguis, aquellos que se comunican con maestros desencarnados, ángeles y otras entidades sutiles, y otras personas con talentos esotéricos. Cualquiera de ellos puede llegar a hacer lo que, desde la perspectiva de nuestros sentidos limitados a lo obvio, nos parece un milagro. A la mente que solo percibe el mundo a través de los sentidos ordinarios, esas personas le causan una sensación de extrañeza, le parecen estar fuera de lugar; sin embargo, su valía es innegable.

## El conocimiento es ignorancia

Debes saber que cualquier cosa que percibas, ya esté en tu entorno o en tu mente, la percibes de manera defectuosa. La percepción nunca puede ser absolutamente cierta; de hecho, no hay dos personas que vean el mundo exactamente de la misma manera. Esta fue otra de las revelaciones de Einstein: que los individuos están separados por el espacio y el tiempo, lo cual hace que sus perspectivas difieran. Ni tampoco puede haber dos sujetos que tengan los mismos conocimientos y, en consecuencia, la misma forma de entender las cosas. Pensar que se puede coincidir absolutamente en todo con otra persona es una pura ilusión. Quizá creas que estás totalmente de acuerdo con alguien, pero, en cuanto profundicéis un poco más en vuestras creencias y percepciones, rápidamente encontraréis algún punto en el que vuestras ideas difieran por completo. ¿Has pensado alguna vez que un amigo y tú estabais totalmente de acuerdo en algo y luego has descubierto que, en realidad, en ningún momento os habíais entendido en absoluto? A la hora de la verdad, cada uno vivimos en un capullo hilado con las hebras de nuestras respectivas percepciones y creencias individuales. Sé que todo esto suena bastante desalentador, pero también eso es ilusorio. Por encima de las nubes, el sol brilla siempre.

Exceptuando a unos pocos individuos de cada generación, el sufrimiento ha estado pegado a los talones de la raza humana desde el principio de nuestra historia documentada. Y lo que es más, un examen detallado de cómo ha progresado el ser humano a lo largo de los tiempos puede ser una analogía bastante exacta de nuestro progreso individual a lo largo de la vida. En toda época, los seres humanos han mirado a la anterior y la han considerado menos desarrollada. En toda época, han sentido mayoritariamente que estaban en posesión de la verdad, una verdad que las generaciones anteriores habían sido incapaces de descubrir. Por poner un ejemplo, un médico brujo de una sociedad primitiva tal vez habría tratado un resfriado vírico común como la posesión por parte de un espíritu maligno y habría usado pócimas y conjuros para expulsar del cuerpo a dicha entidad; el paciente habría quedado libre de los síntomas provocados por el espíritu invasor en aproximadamente diez días. Al ir evolucionando la medicina, el médico habría aplicado la tecnología más avanzada de su época, que tal vez fueran las sangrías; si el paciente no perdía demasiada sangre, al cabo de diez días se recuperaba del resfriado, y en unas semanas se sentía rejuvenecido gracias a las células sanguíneas recién generadas que corrían por sus venas. Hoy en día, a la víctima de un resfriado común se la trata con antihistamínicos más modernos y alguna tisana nocturna..., y tarda diez días en recuperarse; claro que en recuperarse luego de la merma de flora gastrointestinal causada por la terapia antivírica, tardará semanas, o meses, y durante ese tiempo el paciente será vulnerable a contraer todo tipo de enfermedades y dolencias secundarias, además de haber desarrollado una notable inmunidad a los antibióticos, lo cual a su vez da rienda suelta a la proliferación de virus invencibles y, finalmente, a una inevitable epidemia mundial. Así que, ahora mismo, las hierbas curativas y los conjuros parecen una solución más que buena.

Por término medio, el cazador-recolector de la antigüedad tardaba alrededor de tres días y medio en cazar y recolectar lo necesario para sobrevivir una semana. Eso significa veintiocho horas laborales a la semana. Compáralo con las cincuenta, sesenta o setenta horas que trabaja el individuo moderno —disponiendo de toda suerte de máquinas diseñadas para ahorrar trabajo y de su avanzada tecnología de la información y las comunicaciones—. Dime, por favor, cómo puede considerarse que este sea el *progreso* del que tanto nos jactamos. A pesar de los fantásticos avances en el campo de las comunicaciones, somos individuos cada vez más aislados.

Hablo de todo esto por una razón: nuestra percepción del progreso ha engendrado la creencia de que vivimos mejor que nuestros antepasados de la antigüedad y también que los de épocas más cercanas, lo cual nos alienta a continuar avanzando en la misma dirección incluso aunque nuestras vidas sean cada vez más frenéticas, caóticas y aisladas. De lo más profundo de nuestro ser ha empezado a brotar un sentimiento de que es urgente detener esto, pero la mayoría de nosotros nos negamos a oír esa voz, y cuando se vuelve persistente, la adormecemos con drogas y alcohol, horas de televisión, trabajo sin fin, promiscuidad sexual o comportamientos sexuales enfermizos y todas las demás aberraciones que hemos acabado por aceptar y que nos parecen normales. Despreciamos ideales como el juego limpio, la caridad, la compasión y el orgullo comunitario por considerarlos una debilidad, en este mundo excepcionalmente competitivo. La convicción de que estamos progresando nos anula hasta el sentido común. ¿Qué sociedad en su sano juicio contemplaría objetivamente la manera en que nos tratamos a nosotros mismos y tratamos nuestro entorno y lo llamaría progreso?

Como es la parte, así es el todo. La sociedad es un reflejo de los individuos que la componen, y eso significa que cada uno de nosotros contribuye al problema. Hemos perdido de vista lo que es importante. No es una cuestión de creencia contra percepción. La raíz del problema es que creemos que nuestras percepciones son fiel representación del mundo en el que vivimos; y no es así. Resulta fácil lanzar diatribas contra nuestros gobiernos, nuestras comunidades o incluso nuestras familias, y señalar la demencia obvia que rige sus actos; nos cuesta mucho más ver cómo esa misma locura se manifiesta en nuestras vidas. Con raras excepciones, el comportamiento autodestructivo se manifiesta vivo y pujante en cada uno de nosotros. Pero no tires la toalla todavía. No subrayaría lo negativo si no tuviera un plan de acción para realzar lo positivo, o más exactamente, para mostrarte —como se eleva el loto blanco inmaculado sobre el cieno fétido— cómo ser libre, tanto de lo negativo como de lo positivo.

Decía anteriormente que la creencia y la percepción son las dos caras de una misma moneda. Que elijamos defender una o la otra dependerá de la interpretación que hagamos de nuestro pequeño rincón del universo de causa y efecto. Hay quienes piensan que la creencia lo es todo y quienes están seguros de que la percepción es la respuesta. La verdad es que al final da lo mismo, puesto que disponemos de una manera de trascender esta pelea que hasta ahora hemos intentado librar a puñetazos mentales.

En el debate creencia contra percepción, es la segunda la que gana. Pero antes de que los defensores de la percepción saquéis los silbatos y descorchéis la botella de cava, dejadme terminar. Hablo de otra clase de percepción, una percepción que no está sujeta al terreno del cambio, al terreno de la muerte; una clase de percepción que significará la entrada del amor, la dicha y la compasión en nuestras vidas. La percepción que nos libera del campo de la muerte es la percepción de la esencia de la vida, la percepción suprema de la Eumoción.

Si has ido haciendo los ejercicios que he sugerido y has disfrutado de la Conciencia del Ser estos últimos días, habrás empezado a notar que se han producido en tu vida varios cambios sutiles. Vamos a dedicar unos minutos a examinar lo que está sucediendo.

Durante esos momentos en que estás sentado con la Eumoción, ¿notas que el cuerpo se relaja con facilidad y la mente entra en un estado de claridad y quietud? A veces, es posible que, mientras estás sentado tranquilamente en silencio, sientas paz, beatitud o serenidad. ¿Aparece además algún pensamiento tenue y perezoso que te habla casi en un susurro para no perturbar tu paz interior? ¿Llega acompañado del sentimiento de que todo está bien tal como está?

Mientras estás ocupado en tus quehaceres cotidianos, ¿qué has notado que sea diferente? ¿Estás menos nervioso, menos irritable, te cuesta más enfadarte? ¿Te importunan menos los demás conductores? ¿Te sientes más descansado y lúcido? ¿Has tenido la sensación de que la naturaleza está más viva y de que toleras con más facilidad el mal tiempo? ¿Duermes mejor, la comida te sabe más rica, acabas menos cansado al final del día? ¿Qué más has notado?

Cuando hablas con la gente, ¿te notas menos distraído y escuchas con verdadero interés? ¿Estás menos impaciente por decir lo que quieres decir, más cómodo de ser simplemente quien eres? ¿Has tenido más sentimientos positivos, has notado que fueras más compasivo o comprensivo con las dificultades de los demás? Estos y otros son los síntomas de empezar a salir del mundo de causa y efecto y de comenzar a ser consciente de la Eumoción. No has tenido que hacer nada para que se produjeran estos cambios; han ocurrido sin ningún esfuerzo de tu parte, simplemente porque eres consciente de la Eumoción. No necesitas hacer absolutamente nada más.

A medida que continúes con esta práctica tan sencilla, junto con la Intención del QE, que pronto aprenderás, irán produciéndose en tu vida cambios sutiles pero notables, que, como los que se han producido hasta el momento, llegarán inocentemente y sin esfuerzo, y sin embargo supondrán una remodelación sustancial de tu vida. La Eumoción colmará tus deseos incluso antes de que seas consciente de ellos, y el resultado será una confianza y gracia interiores que emanarán de saber que todo es perfecto tal como es. A partir de esta base de plenitud, y en respuesta a la Intención del QE, empezarás a recibir regalos materiales con los que aderezar tus anhelos en el plano material. Lo mismo que antes de disparar la flecha la estiras en la dirección opuesta a la diana, es retraernos de la vida lo que nos prepara para una interacción más dinámica con ella. Si queremos que se cumplan nuestros deseos, comenzaremos por dirigir íntegramente nuestra conciencia común hacia las silenciosas profundidades de la mente donde la Eumoción espera. ¿Cómo se hace? Voy a dejar eso para el capítulo siguiente.

## PUNTOS PRINCIPALES DEL CAPÍTULO 10

⬦ Nuestra capacidad para percibir el entorno está limitada a un rango de receptividad sensorial extremadamente reducido.

⬦ Hay individuos excepcionales cuyos sentidos son capaces de una percepción que trasciende la solidez de los objetos cotidianos.

◆ No hay dos personas que vean el mundo exactamente de la misma manera. No pueden tener los mismos conocimientos, luego no pueden compartir una misma forma de entender las cosas.

◆ El sufrimiento ha estado pegado a los talones de la raza humana desde el principio de nuestra historia documentada.

◆ La percepción que tenemos del progreso ha engendrado la creencia de que vivimos mejor que nuestros antepasados de la antigüedad y también que los de épocas más cercanas. Pero es solo una ilusión.

◆ La percepción que nos libera del campo de la muerte es la percepción de la esencia de la vida, la percepción suprema de la Eumoción.

Capítulo 11

# EL DESEO

*Donde hay afán sin conocimiento no hay*
*bondad, y donde hay premura hay locura.*

PROVERBIOS 19:2

## EL DESEO: UNA BENDICIÓN Y UN CASTIGO

¡Ah, el deseo! ¡Cómo se enciende la mente cuando oye esta palabra! El deseo aviva la imaginación y prepara el cuerpo para el placer. El deseo estimula la acción; es intentar colmar el deseo lo que hace a la humanidad sumergirse en las aguas más profundas, escalar los picos más altos y soñar más allá de las estrellas. El deseo es el gran motivador y el causante de muchas noches en vela. Llevados por él, iniciamos guerras, curamos enfermedades, construimos sociedades y exploramos las profundidades del alma humana.

El deseo es a la vez una bendición y un castigo: una bendición cuando logramos satisfacerlo y un castigo cuando no.

## *la* Eumoción

Todos los seres vivos escapan del dolor y buscan el placer. Es el deseo el que nos ofrece la inspiración y la motivación para traspasar nuestras limitaciones y hacer realidad nuestro potencial supremo.

La palabra «deseo» suscita distintos grados de intensidad. Por lo general, se lo considera una fuerte apetencia. El diccionario de la Real Academia Española, en su vigésima segunda edición, nos informa de que el deseo es el «movimiento afectivo hacia algo que se apetece». Entre sus sinónimos, encontramos ambición, avidez y apetito. Una expresión muy fuerte del deseo sería la lujuria. La lujuria es el deseo que se ha torcido y que podría considerarse malsano. El espectro del deseo abarca desde un ligero cosquilleo al fondo de nuestra mente hasta una obsesión abrumadora que nos conduce a la destrucción.

Supongamos que tienes sed. Tu impulso inicial es beber agua. No hay ninguna emoción particular vinculada a ese impulso. Si no te es posible satisfacerlo en los minutos siguientes, quizá tu mente se centre en otras cosas, confiada en que tu sed se saciará a su debido tiempo, y seguirá sin haber ninguna emoción perceptible vinculada al impulso de saciar tu sed. Pero si no tienes posibilidad de beber durante un par de días, sentirás una auténtica ansia de agua para evitar morir deshidratado. Ahora experimentarás un deseo muy fuerte, lo cual significa que el impulso original de encontrar agua ha cambiado, y también las emociones. El impulso se hace más dominante y directo, y las emociones, más intensas. En lugar de conducirte a un agradable paseo por el parque, la sed te lanza de cabeza al estanque para que la sacies. El resultado es que el impulso termina, se satisface el deseo y se produce una profunda liberación emocional.

## El complejo del deseo

Cuando tenemos un deseo, siempre forma parte de lo que llamo «el complejo del deseo», que tiene tres partes: el deseo, el objeto del deseo y la condición. El objeto no ha de ser necesariamente una persona, lugar u objeto; puede tratarse de una forma mental: una idea, un sueño, una filosofía, otro deseo o incluso el deseo de estar libre del deseo, que suele ser particularmente fuerte y cuyos innumerables tentáculos ligan a su dueño a la incansable rueda del complejo del deseo.

La condición comprende la situación o las circunstancias que necesitamos superar para obtener el objeto. Si, por ejemplo, quieres poseer (deseo) un flamante coche deportivo rojo (el objeto), tienes que superar los obstáculos o circunstancias (la condición) que se interponen entre tú y el hecho de ser propietario de ese coche. En este caso, para satisfacer la condición tal vez necesites encontrar un vendedor fiable, probar varios modelos para ver cuál se adecua mejor a tus necesidades, ganar el dinero que cuesta o solicitar financiación y, como tu flamante deportivo rojo solo tiene dos asientos, convencer a tu esposa de que habrá alguna manera de que tus tres hijos, los dos perros y el periquito quepan cómodamente en el maletero.

La condición se satisfará cuando hayas resuelto todos los elementos necesarios, que, en nuestro caso, supondría encontrar el vehículo adecuado, financiarlo y tener una charla con tu esposa. Cuando hayas satisfecho la condición y

obtenido el objeto, tu deseo se extinguirá y estarás en paz...,
al menos hasta que surja en tu mente el siguiente deseo y de-
cidas cambiar el deportivo rojo por un barco de pesca con
visión submarina.

Antes de dar un paso más, vamos a hacer un pequeño
experimento que nos ayudará a entender mejor cómo nos
afectan emocionalmente el deseo y las emociones vinculadas
a un impulso.

### EXPERIENCIA: GANAR Y PERDER

Cuando hayas leído el ejercicio, deja el libro, cierra los
ojos y sigue las instrucciones.

*Con los ojos cerrados, piensa en algo que quieras de ver-
dad, algo que desees con todo tu corazón. Fíjate en cómo
te sientes cuando piensas en la posibilidad de conseguir este
objeto del deseo. Quizá sientas entusiasmo, o esperanza, o
incluso nerviosismo ante la idea de conseguirlo. Dedica un
momento a registrar esos sentimientos.*

*Ahora imagina que realmente has logrado lo que deseas y
fíjate en cómo cambian los sentimientos. Es posible que,
en lugar de delirio y expectación, sientas ahora la alegría
del logro, satisfacción o incluso orgullo. Notas que tus
emociones han experimentado cierto cambio en cuanto a
tipo y cualidad.*

*Ahora imagina que se te arrebata bruscamente lo que ya es
tuyo. Fíjate en cómo te sientes al perder lo que tenías. Tus
emociones probablemente se vuelvan negativas. Puede que*

*te invada un sentimiento de pérdida, de tristeza o quizá de frustración, e incluso de ira.*

## EL SECRETO DEL SUFRIMIENTO

¿Qué nos enseña este ejercicio tan simple? Algo que, mirado superficialmente, parece obvio y hasta inocente, pero que, cuando se examina con más detenimiento, puede resultar bastante alarmante. Contemplado desde la superficie, reconocemos que hay emociones que acompañan al deseo y que cambian al cambiar las circunstancias; son diferentes cuando queremos algo de cuando lo conseguimos, y también de cuando lo perdemos. Ahora bien, bajo lo obvio se oculta algo mucho más siniestro, que, como descubriremos, es la causa del desasosiego, la preocupación y la insatisfacción crónica subyacentes en nuestra vida. Estamos a punto de descubrir el secreto del sufrimiento, es decir, la semilla de la desarmonía y el descontento.

Tradicionalmente, nos hemos comportado como en el ejemplo. Es decir, sentimos la necesidad de alargar el brazo y apropiarnos del objeto de nuestro deseo; superamos los diversos obstáculos que se interponen en nuestro camino y luego sentimos la dicha exultante de haber alcanzado finalmente la meta o de haber conseguido el objeto deseado. Parece lógico: consigue lo que quieres y acaba así con la punzada de esa molesta espina a la que llamamos deseo. Pero, por desgracia, conseguir el objeto es un arreglo solo temporal. En cuanto se calma un deseo, otro ocupa su lugar. ¿No es esto lo que nos sucede? Tras un breve interludio en el que sentimos cierta tranquilidad relativa, una dulce satisfacción mental, volvemos a estar inquietos y, antes de que nos demos cuenta, nos hemos lanzado una vez más a intentar aplacar el deseo.

En los países ricos, muchos, si no todos, de nuestros deseos son de objetos que queremos pero que en realidad no son imprescindibles. Piénsalo: ¿necesitamos de verdad una máquina de hacer capuchinos, una cuchilla de afeitar de cuatro hojas, un televisor de 52 pulgadas, pantalones vaqueros de marca, doce pares de zapatos (y me quedo corto, pues hay quienes atesoran una cantidad de zapatos inimaginable..., ya sabéis vosotros quiénes sois), un deportivo rojo o un expreso descafeinado con doble ración de moca, nata montada y virutas de chocolate? Si dudas de lo que digo, échale un vistazo rápido a tu armario, a la cocina o al garaje y toma nota de cuántos objetos hay diseminados por todas partes que un día deseaste, conseguiste y que ya no usas; puede que algunos tengan todavía la etiqueta del precio colgando. La experiencia que todos hemos vivido es que, poco después de satisfacer nuestra ansia de un objeto, este pierde su atractivo. Podemos desear cosas que necesitamos y otras que no; esto es obvio. Los frutos de la vida son para que los comamos. ¿Quién no se siente mejor viendo un poco de televisión, llevando ropa nueva o saliendo a cenar con sus amigos? No es la utilidad de un deseo lo que aquí nos interesa; lo importante es por qué se forma un deseo y si se puede satisfacer de un modo más práctico, incluso más rotundo.

Aparentemente, el objeto tiene la capacidad de poner fin al deseo, pero si lo examinamos más a fondo, descubrimos que eso sencillamente no es verdad. Bueno, perdóname. Es verdad en un sentido superficial, pero parece ser que existe un deseo subyacente, más profundo, del que nunca podemos liberarnos por completo; un deseo que es la fuente, el progenitor de todos los demás deseos. Ese deseo básico es la cabeza de Medusa, el monstruo mitológico que tenía serpientes por cabellos y que lo convertía a uno en piedra con solo mirarlo a los ojos. Los deseos menores son las escurridizas serpientes que se retuercen ante nosotros, difíciles de agarrar y más difíciles aún de mantener a raya. Si le cortas la cabeza a una de ellas, como cuenta la fábula, ahora son dos las que ocupan su lugar. Probablemente te hayas dado cuenta de que, si satisfaces un deseo, llegan dos más a reemplazarlo. La única manera de librarte definitivamente de todas esas fastidiosas alimañas es decapitando a Medusa. Siguiendo con la analogía, eso significaría encontrar y satisfacer ese deseo profundo y básico de nuestra naturaleza.

Cuando obtenemos el objeto, extinguimos el fuego del deseo. Estamos acostumbrados a pensar que el objeto tiene el poder de apagar ese fuego, de modo que dirigimos hacia él toda nuestra atención, nuestros esfuerzos y, si no consciente sí inconscientemente, lo elevamos a la exaltada posición de asesino del deseo. Pero eso es una ilusión más.

¿Te has dado cuenta alguna vez de que, en cuanto alcanzas una meta —conseguir un aumento de sueldo, comprar una casa, ganar un premio o enamorarte—, el sentimiento de bienestar no dura demasiado? ¿Por qué? ¿Por qué no podemos sentirnos satisfechos mucho tiempo seguido? Los objetos, las personas, las organizaciones, las filosofías y los sueños provocan una fascinación relativa; son como las cautivadoras serpientes de Medusa que distraen a la mente de la realidad de la vida. La mayoría de la gente va pasando de una cosa a otra en busca de la felicidad suprema. Cuando es el deseo el que nos conduce, nunca descansamos..., hasta que nos morimos, claro. Las metas exteriores nos hacen desviarnos de la paz interior, y por eso nunca llegamos a encontrar satisfacción duradera en las cuestiones ordinarias. Lo que debemos descubrir es la cuestión suprema, por así decirlo, la Eumoción. La Eumoción es la meta última que trae consigo la disolución del deseo y de su carácter de entidad motivadora. La Eumoción es la muerte del deseo.

Lo admito, no puedo resistirme, tengo que llevar la analogía de Medusa un paso más lejos. Cuenta la leyenda que Perseo decapitó a Medusa y que luego, agarrando la cabeza por su cabellera de serpientes, la levantó en alto. Curiosamente, las serpientes no habían muerto, pero ya no tenían capacidad de hacer daño. Lo mismo ocurre aquí. Cuando somos conscientes de la Eumoción, seguimos teniendo deseos, pero ya no pueden apoderarse de nosotros ni constreñir nuestra mente con emociones dañinas. Lo que queremos en definitiva es estar en paz, ser libres de navegar por el océano del amor universal sin tener que soportar las arremetidas constantes de las olas del deseo. Queremos estar libres del deseo de amor y, simplemente, amar por amar. Queremos estar libres de los razonamientos, de las circunstancias y las necesidades. Cuando se vive en la Conciencia del Ser, los deseos no son más que deliciosos devaneos, suaves ondulaciones en el vasto océano de la dicha al que llamamos Eumoción, donde es posible amar una hoja, una roca o a una persona con la misma intensidad. En la Consciencia del Ser, miramos a Medusa directamente a los ojos y sabemos que reina el amor universal allí donde antes habitó el miedo.

## La solución al sufrimiento

Cuando somos conscientes de la Eumoción, la satisfacción de un deseo no supone la creación de un nuevo deseo aún más ambicioso. Ya tienes más que la mayoría, cuando eres consciente de la Eumoción. La Conciencia del Ser rompe el ciclo deseo-acción-deseo, puesto que satisface el deseo primero y fundamental de sentirnos completos y a salvo. Ahora, el deseo del deportivo rojo no es más que una brevísima señal luminosa en la pantalla de tu radar emocional, una suave onda en el océano de la totalidad. Si posees la totalidad ilimitada, obviamente ser dueño de un deportivo es en realidad una insignificancia, por lo que, en cuanto pasa el deseo-onda inicial, el océano de la totalidad permanece inmóvil.

Te propongo que vivas una experiencia que matizará esta cuestión.

## Experiencia: despréndete de todo

*Supón que tu imaginación es capaz de crear cualquier cosa que quieras, en cualquier momento y en cantidad ilimitada. Imagina que puedes conseguir todo lo que siempre has deseado: comida, dinero, amigos, bienes materiales, respeto... Tómate el tiempo que necesites para crear una imagen consistente, sintiendo las emociones que te produzca y haciendo uso de la vista, el olfato, el oído y el gusto en torno a lo que vayas creando. Ahora que puedes tener lo que quieras, deshazte de todo. Dáselo a los pobres, a la gente, a tus amigos, a los ricos, a tu profesor, a tu madre, a tu hijo. Es fácil dar lo que tienes, pues sabes que, con imaginarlo,*

*puedes volver a tener cuanto quieras. No solo es fácil dar
cuando tienes de todo en cantidad ilimitada, sino que además es divertido; te hace sentirte bien. Dar cuando sabes
que la fuente dadora es infinita te libera de la necesidad de
aferrarte a nada; te libera del sentimiento de deficiencia, de
las necesidades y de los deseos que nacen de ellas.*

Todo lo creado entra en este mundo a través de la Eumoción. De existir un campo de recursos infinitos, ese campo sería la Eumoción. Hazte de verdad consciente de ella,
y todas las fuerzas de la creación se movilizarán a tu favor.
Esto es a lo que llamo Intención del QE. Cuando tienes una
Intención del QE, tomas conciencia de la plenitud ilimitada que eres. Tus deseos son silenciados con ternura, como
el llanto de un bebé en los brazos de la madre Eumoción, y
la omnipresente influencia organizativa de la Eumoción empieza a poner orden en tu vida. En completa armonía, y libre
del caos de los incesantes deseos que hasta ahora te distraían,
hallarás gran satisfacción en el plano material también.

La Intención del QE es natural; es la manera de ser que
en origen nos corresponde: la libertad para disfrutar de la
plenitud de nuestro mundo de abundancia. Antes de que
aprendamos a tener una Intención del QE, conviene que pro-
fundicemos un poco más en cómo funciona. En el capítulo
siguiente, se te presentarán las fuerzas que intervienen para
atender a tus apetencias y colmar tus deseos más profundos.
Entretanto, continúa realizando el QE con regularidad y entra en la Conciencia del Ser tantas veces como te resulte cómodo hacerlo a lo largo del día, pues, al reunir tu experiencia
y la comprensión de la Eumoción que vas adquiriendo, estás

preparando a la mente para que se deleite en las delicadas y deliciosas dichas de la Intención del QE.

## PUNTOS PRINCIPALES DEL CAPÍTULO 11

✧ Es el deseo el que nos ofrece la inspiración y la motivación para traspasar nuestras limitaciones y hacer realidad nuestro potencial supremo.

✧ En cuanto se acalla un deseo, otro ocupa su lugar.

✧ La mayoría de la gente pasa de una cosa a otra a lo largo de toda su vida, en busca de la felicidad suprema.

✧ Las metas exteriores nos desvían de la paz interior.

✧ La Eumoción es la muerte del deseo.

✧ Cuando somos conscientes de la Eumoción, la satisfacción de un deseo no supone la creación de otro aún más ambicioso. La Eumoción es la meta fundamental de todo deseo.

✧ Hazte de verdad consciente de la Eumoción, y todas las fuerzas de la creación se movilizarán a tu favor.

Capítulo **12**

# EL ARTE DE LA INTENCIÓN DEL QE

*No se llega a Dios añadiéndole al alma lo que creemos*
*que le falta, sino restándole lo que le sobra.*

MEISTER ECKHART

## SENTIMIENTO PURO

Si has ido siguiendo mis sugerencias, habrás pasado bastante tiempo envuelto en el tierno abrazo de la Eumoción. En algunos momentos habrás sentido una profunda e intensa calma de mente y de cuerpo; en otros, tal vez hayas tenido la sensación de estar profundamente dormido, solo que tu mente estaba muy despierta. Sentarse con la Eumoción durante períodos prolongados estimula este estado interior intensamente despierto; llega con rapidez y naturalidad con tan solo realizar el QE con los ojos cerrados.

Ese estado de intensa percepción consciente y quietud mental absoluta no se puede forzar. Solo como recordatorio, vuelvo a decirte que no te servirá de nada intentar *crear* esta inocente condición de reposo inefable. Por lo tanto, cuando estés tranquilamente sentado haciendo el QE con los ojos cerrados, asegúrate de que no tratas de conseguir nada, de que no estás ni tan siquiera expectante de lo que pueda ocurrir a continuación. Esto es importante, así que toma nota de ello mentalmente: tu único foco de atención es ser consciente de la Eumoción. Permíteme repetirlo: tu único foco de atención es ser consciente de la Eumoción. De hecho, «foco de atención» es una expresión demasiado fuerte. Pasar de los pensamientos a la Eumoción es más una tentativa o un impulso que enfocar la atención. Cuando no seas consciente de la Eumoción, el simple *impulso* de serlo la devolverá a tu conciencia sin esfuerzo alguno.

Si la Eumoción no está presente, te vendrán o no te vendrán pensamientos. Si te vienen, probablemente sean bastante silenciosos, pensamientos indiferenciados que, con pereza, llegan y se van. Cuando adviertas que tienes pensamientos, notarás también que, a la vez, tienes un buen sentimiento de fondo. En ese momento, con mucha suavidad, pon intención en ese buen sentimiento. ¿Ves cómo, sin ningún esfuerzo, acabas de trasladar tu conciencia de los pensamientos a la Eumoción? Con ese ligerísimo impulso, te has hecho consciente de la Eumoción. Haz esto: piensa en un coche (te espero)... Ahora piensa en una casa..., y ahora en una flor. Fíjate en la naturalidad y facilidad con que la mente pasa de un pensamiento a otro; así de fácilmente te haces consciente de la Eumoción. No hace falta nada más que permitir que aparezca el pensamiento de ser consciente de ella. Y si no tienes pensamientos, que es la no experiencia de la conciencia pura, no lo sabrás hasta que hayas empezado a pensar de nuevo o tomes conciencia de la Eumoción. En cualquiera de los casos, ya sabes qué hacer entonces: con sencillez, hazte consciente de la Eumoción.

Hay una variante de todo esto. Se trata de una percepción muy sutil de la Eumoción llamada *Eumoción Pura*. Es un estado caracterizado por el ser consciente de la ausencia de pensamientos, pero no se debe confundir con la conciencia pura. Cuando experimentas la conciencia pura, no eres consciente de ella *en ese momento*. Es una no experiencia o ausencia de experiencia; no sabes que te encontrabas en estado de conciencia pura hasta que has salido de él, cuando tu mente empieza a pensar de nuevo. Lo reconoces como un paréntesis en tu proceso de pensamiento, un período de no experiencia.

La Eumoción Pura es la más refinada conciencia que puedes tener. Es una percepción de la conciencia pura y de la Eumoción simultáneamente. La Eumoción Pura significa que percibes la Eumoción antes de que esta refleje en tu mente ninguna forma o sentimiento, como dicha, paz o beatitud. Si la menciono en este momento es solo porque podrías confundirla con el estado en que el pensamiento no está presente, el estado de conciencia pura. Puedes diferenciar un estado del otro porque cuando experimentas la Eumoción Pura eres consciente de que la estás experimentando; sabes que eres consciente, pero consciente de nada.

⟡ *Eumoción Pura:* eres consciente de que eres consciente de nada en el momento de experimentarlo.

❖ *Conciencia pura:* no eres consciente hasta que empiezas a pensar de nuevo y te das cuenta de que ha habido un paréntesis en el pensamiento.

Ninguna de las dos experiencias es una meta. Cuando sientes Eumoción Pura, no hay ninguna meta; solo observación de lo que se refleja en tu mente. Para lo que estamos haciendo ahora, da lo mismo que seas consciente de los pensamientos, de la Eumoción o de la conciencia pura. Tu interacción es la misma en todos los casos: una observación inocente de la extraordinaria maquinaria de la creación según se manifiesta en la pantalla de la Eumoción Pura. Quienes pueden obrar milagros y materializar cosas de la nada lo hacen desde el nivel de la Eumoción Pura. Este fue el nivel desde el que Cristo hizo lo que hizo. Cuando convirtió el agua en vino e hizo que se multiplicaran los panes y los peces, sus intenciones procedían directamente de una conciencia firmemente asentada en la fuerza creativa básica de la naturaleza. Tener una intención desde la Eumoción Pura es como acercar un imán desde abajo a las limaduras de hierro esparcidas sobre un papel. Al ir aproximándolo, las limaduras empiezan a moverse de forma aparentemente caótica, pero en el momento en que el imán toca la cara inferior del papel, se alinean en perfecto orden; cuanto más cerca está de ellas el imán, mayor es el orden que muestran. Lo mismo ocurre en nuestro caso: cuanto más establecida esté nuestra conciencia en la Eumoción Pura, mayor orden se reflejará en nuestras vidas. Incluso aunque parezca que es el caos lo que domina, se trata solo de la danza de las limaduras de hierro en presencia del imán. En la Eumoción Pura, la percepción de la perfección aparece rápidamente, dándole sentido a un mundo por lo demás caótico.

La Eumoción Pura es la percepción de mayor pureza. No hay en ella distorsión alguna, ni ego que pueda perturbar la expresión inmaculada de este impulso de la pureza. En la conciencia común, nuestros pensamientos son como olas que rompen en las costas rocosas de la realidad, levantando, al estrellarse contra ellas, caos y críticas pulverizados ante los vientos dominantes de la causa y el efecto. Pero en el nivel más profundo de la mente, no puede existir semejante conflicto, y por eso cuando tienes un pensamiento o un deseo en ese nivel, se satisface de inmediato. ¡Es increíble! Mientras experimentas la Eumoción Pura, puedes lograr lo que quieras.

Si, por ejemplo, tienes el impulso de saborear una manzana mientras eres consciente de la Eumoción Pura, de inmediato toma forma en tu mente la manzana, y responden vívidamente tus emociones y tus sentidos. En este nivel, puedes apreciar la manzana con una plenitud todavía mayor que si te la estuvieras comiendo físicamente en un estado de conciencia común, en el que lo más probable es que, mientras la comes, tu mente esté en otra parte y te pasen desapercibidos el sonido de la piel de la manzana al romperse bajo tus dientes, el jugo al rociar tus labios y la avalancha de suculenta carne agridulce capaz de provocar uno de los mayores momentos de placer que puedan experimentarse en esta Tierra. En lugar de sentir todo eso, la masticas, hablas, te la tragas y, un momento después, apenas recuerdas habértela comido.

¿Te acuerdas de la analogía del proyector de cine que establecí hace unos capítulos, en el cual la Eumoción era la lente y el celuloide del proyector de cine? La luz pura (la conciencia pura) pasa a través de la lente y se enfoca en el celuloide, y la luz que brilla a través de este se proyecta luego sobre la pantalla, en la que se plasma la película de tu vida. La Eumoción Pura es hacerse consciente de la Eumoción justo antes de que la luz pase a través del celuloide. Cualquier pensamiento que tengas mientras eres consciente de la Eumoción Pura pasa entonces a formar parte de la película, se incorpora al guion, por así decirlo, y se proyecta en la pantalla de la vida a la vista de todos. Esta es la sede de los milagros.

Es la conciencia en el nivel de la Eumoción Pura la que te hace ser el creador de tu vida o, más exactamente, el testigo original, fuera del alcance de la voluntad del ego. Aquí, eres simultáneamente el creador, la creación y la conciencia ilimitada que existe dentro y más allá de ambos. Este es el nivel de conciencia desde el que obrarás milagros. Desde la Eumoción Pura, aplacarás la ansiedad y la frustración derivadas de las dificultades económicas, resolverás la ira y la desconfianza que ensombrecen las relaciones y abrirás los ojos a tu poder interior, al que hasta ahora la mente ha ahogado con su estruendo y los escombros resultantes de sus acciones descontroladas. Este es el maravilloso nivel de conciencia desde el que toda vida se renueva cada día a cada instante. Incluida la tuya.

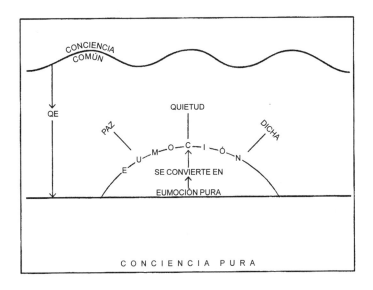

## LA PARADOJA CREADOR-CREACIÓN

Cuando experimentas la Eumoción Pura, eres el creador y a la vez estás más allá de la creación. Ya, ya sé que parece un sinsentido, pero esto se debe a que nuestras mentes funcionan en el campo de la forma y no son capaces de entender lo informe. Tu mente nunca podrá abarcar esta realidad, pero puedes tener un vislumbre, una intuición de ello que trascienda la comprensión mental. Para la mente, es una paradoja: ¿cómo puedes ser a la vez conciencia ilimitada y estar limitado por los pensamientos y las cosas? Tu mente cuenta el único cuento que sabe. Pero, recuerda, no eres tu mente. Eres conciencia pura, eres el espacio entre pensamientos que llena tu mente. Solo hay una creación; sin embargo, cuando se contempla desde un cuerpo-mente individual, toda la creación se reduce a lo individual, y se considera *mi* vida. Y la Eumoción Pura te eleva a tu estado ilimitado de observador-creador para que puedas disfrutar de lo mejor de los dos mundos.

Comprender esto es muy importante, pues ¿qué significa ser observador-creador? Significa que puedes cambiar tu vida, crearla de nuevo y, a la vez, no quedarte atrapado en el aluvión de deseos y emociones, con frecuencia debilitadores, que siempre acompañan a tu empeño de controlar tu vida haciendo uso de la conciencia común. Significa que ya no tienes por qué dejarte la piel para tener éxito. Significa que eres libre de recrearte en la alegría de ser plenamente humano. Dentro de un momento vas a aprender la Intención del QE, la tecnología de la plenitud sin esfuerzo. Aprenderás a triunfar en todos los niveles de tu vida. Y la belleza de la Intención del QE radica en que no es necesario que entiendas ni una sola palabra de lo que he dicho hasta ahora, puesto que hablar y pensar son funciones mentales que pertenecen a una mente limitada por sus procesos. La Intención del QE obrará maravillas en tu vida aunque no tengas la menor idea de cómo funciona. Afortunadamente, no necesitas creer en lo que digo; funcionará incluso aunque no creas en ello, y lo vas a ver por ti mismo dentro de unas pocas páginas.

La Intención del QE es un proceso científico reproducible, tan sencillo que no puede fallar. Tendrás el control total, cuando seas el testigo silencioso de lo que se cree a través de ti, pero sin involucrarte en lo creado. Sé que suena contradictorio, pero no importa. La Intención del QE funcionará a tu favor al margen de lo que piense tu mente. Tendrás control absoluto sobre tu vida mientras aquello que quieras crear no pueda causar ningún daño. Todos vivimos bajo la influencia universal de la causa y el efecto, e intentar ignorar esas leyes o adaptarlas a nuestra conveniencia nunca resulta en un completo beneficio propio. Sin embargo, tener una Intención del QE significa que tú, tus seres queridos y el resto del mundo estaréis protegidos del pensamiento erróneo y la acción injuriosa. Cuando experimentas la Eumoción Pura, no puedes hacer ningún daño. Si quieres algo que las leyes de la naturaleza apoyen, lo tendrás; es así de simple. Pero escucha bien: si lo que deseas no es lo adecuado para ti, se te ofrecerá algo aún mejor en su lugar. Cuando los hijos de la Madre Naturaleza despiertan de los sueños del ego que dirigen nuestro vivir cotidiano, les ofrece sus regalos más sublimes. Ella se ocupará por ti de cómo se manifestarán las leyes de causa y efecto. Cuando tengas una Intención del QE, quizá quieras una bicicleta y acabes con un BMW; lo único que has de hacer es desear, sentarte cómodamente y esperar.

La Intención del QE te preparará para que recibas lo que se te ofrezca sin oponer resistencia. Se te conducirá a un éxito mayor que el que puedas esperar, cuando dejes que el flujo natural de la creación te guíe. Dejarás atrás con naturalidad el apego a cualquier camino, idea u objeto que vaya a crear más problemas que beneficios. En otras palabras, desde la posición privada que ocuparás en el centro de la creación, serás el primero en saber si algo funcionará o no, serás el primero en oír el susurro de advertencia que te llegará del espacio silencioso que existe más allá de tu mente y serás el primero en disfrutar de los frutos de tu ausencia de esfuerzo, aceptando por completo lo que es, tal como es.

La Intención del QE es el elemento clave de cualquier trabajo de intención. Cuanto más lejos de la Eumoción tratamos de tener éxito, más tenemos que esforzarnos para conseguirlo. Trabajar con la intención no debe suponer ningún esfuerzo, sobre todo cuando manifestamos nuestros deseos para el plano material. Cuanto más lejos te halles de la armonía absolutamente organizativa de la Eumoción Pura, más normas habrás de cumplir y más detallada habrá de ser la intención. El trabajo de intención que tradicionalmente se practica puede suponer bastante esfuerzo, detalle y repetición. Si quieres una casa nueva, quizá se te pida que la construyas en tu mente, que la crees ladrillo a ladrillo y sepas exactamente de qué color es cada interruptor de la luz y cada enchufe y en qué lugar va colocado, o qué forma tienen los tiradores de las puertas del armario. Este método supone que, cuanto más minucioso seas, más grabada se quedará en tu mente la imagen y más posibilidades tendrás de llegar a tener esa casa nueva. Es posible que sean muchas las normas asociadas con cualquier práctica determinada de la intención. Tal vez se te diga que debes crearla en un estado mental preciso, que te refieras a la meta como si ya la hubieras alcanzado, o se te anime a repetir tu intención cada vez que pienses en lo que quieres conseguir.

Con mucha frecuencia, todas estas prácticas que implican repetición y minucioso detalle tienen éxito, pero rara vez por la razón que imaginamos. Sabemos que es la infinita capacidad organizativa de la Eumoción Pura la que hace que se manifiesten nuestros sueños y se colmen nuestros más profundos deseos. Cuando la mente está ocupada por completo en los innumerables detalles y la repetición continua, a veces entra automáticamente en un estado más profundo, un estado de quietud dentro de ella misma; lo hace a pesar de la actividad incesante dirigida a que se manifieste la intención.

De este modo, la intención se convierte en una especie de mantra que arrastra con eficacia a la mente hasta que la fatiga la obliga a ceder. Si la mente está entonces lo bastante descansada, entrará en alguno de los niveles mentales más sosegados, donde se plantará la semilla que empezará a crecer hasta dar fruto; si está cansada, divagará en busca de algún tema más interesante que explorar, o simplemente se quedará dormida.

Dependiendo de la profundidad a la que se plante la semilla de la intención en las regiones silenciosas de la mente, los resultados aparecerán con mayor o menor rapidez y compleción. Hay gente que está por naturaleza más preparada para acceder a esos niveles tranquilos y es capaz de plantar su semilla de la intención a mayor profundidad. A esas personas, las intenciones parecen funcionarles con mucha frecuencia. Ahora bien, si tú no puedes aquietar tu mente, estarás en el mismo caso de aquellos que lo consiguen y, aun así, no ven ningún resultado; eso es muy frustrante y posiblemente te cree dudas sobre si mereces obtener lo que deseas. No es esta la cuestión; no es ni la propia intención, ni el proceso, ni siquiera la persona lo que no consigue hacer que la intención tenga resultados. El éxito de una intención depende de una sola cosa: el nivel de conciencia; y el nivel de conciencia más profundo que podemos experimentar es la Eumoción Pura. Se podría decir, por tanto, que la efectividad de tu intención depende de la cualidad de tu conciencia, y, con un poco de práctica y un esfuerzo menor aún, todo el mundo puede aprender a mejorar notablemente la cualidad de su conciencia y, consiguientemente, la efectividad de su trabajo de intención.

Como descubrirás muy pronto, la Intención del QE no exige más esfuerzo que el ligero impulso mental para hacer realidad tus grandes esperanzas y metas. No es necesario que dejes de hacer lo que estés haciendo en este momento. Sí, eso es lo que acabo de decir; puedes seguir con cualquier técnica de la intención que hayas practicado hasta ahora, solo que haciendo una, y me gustaría añadir que profunda, adición: en lugar de pensar en tu intención y sazonarla con un poco de sentimiento para darle cierto toque emocional, sumérgete en las profundidades silenciosas de la mente, el ámbito de las posibilidades infinitas. Solo tienes que añadirle la Eumoción Pura a tu trabajo de intención, y notarás la mejoría de inmediato.

Hay algo más que quiero decirte antes de que aprendas a tener una Intención del QE. Toda intención tiene dos partes: el objeto de la intención y la emoción que asocias a ella. El objeto puede ser corpóreo, como árboles, mármoles, tréboles, una casa o un coche, o menos concreto, como una educación superior, una relación más compatible o mayor armonía espiritual. La emoción asociada a cualquier intención suele nacer de la preocupación o el miedo de no conseguir, o no merecer, lo que pides. Si pides, por ejemplo, un empleo que de verdad necesitas, este es el objeto de tu intención. Puede que estés muy nervioso por la situación; en este caso, el nerviosismo es la emoción asociada a la intención, un nerviosismo que ha nacido del miedo a no conseguir el trabajo. En muchos casos, si no en la mayoría, la emoción puede resultar debilitadora y crear un malestar mayor que no conseguir lo que se desea. Tu preocupación por la necesidad de encontrar trabajo puede interferir de hecho en encontrarlo;

por ejemplo, puede que seas el candidato perfecto para el puesto, pero te pongas tan nervioso en la entrevista que la empresa acabe eligiendo a un candidato menos cualificado.

Lo primero que hace la Intención del QE es eliminar la discordia emocional asociada a alcanzar tu meta. Y no vas a tardar semanas ni días, ni siquiera horas, en acallarla; la Intención del QE disuelve de inmediato la desarmonía emocional para que toda la energía creativa pueda estar enfocada en conseguir el objetivo. Incluso si lo único que aprendieras en estas páginas fuera eso, a eliminar el desasosiego emocional, este libro valdría su peso en oro. Pero hay más, mucho, muchísimo más.

Algunos sistemas de trabajo de la intención animan de hecho a añadir la emoción para darle mayor énfasis, y es cierto que añadir una emoción positiva puede tener un efecto estimulante y hacernos avanzar rápidamente hacia nuestra meta; pero la emoción es la fuerza que nos impulsa, no la fuerza que nos dirige.

Esto me recuerda a la anécdota de un hombre y su esposa que emprendieron un largo viaje en coche. Se dirigían hacia las playas de arena blanca de Florida, y el hombre decidió echarse una siesta mientras su esposa conducía. Al cabo de un rato se despertó y, aún adormecido, sintió el cálido sol de la tarde en un lado de la cara. Escuchó el sonido de los neumáticos al deslizarse sobre el asfalto y supo que viajaban a buena velocidad. Entonces, de repente, cayó en la cuenta de que el sol debería dar en el asiento del conductor, si viajaban hacia el sur. Se incorporó y dijo:

—Vamos hacia el norte, ¡estamos yendo en dirección contraria!

—Sí —le contestó su esposa entusiasmada—, pero hemos recorrido doscientos kilómetros en un tiempo récord.

Da igual a qué velocidad vayas si estás yendo en la dirección equivocada. Por eso, en el maletín de viaje de la Intención del QE, está incluida la brújula perfecta, que es la Eumoción Pura.

Cuando tienes una Intención del QE, no puedes conducirte a ti mismo en la dirección equivocada, puesto que no haces nada; eres un mero observador que se ha apuntado al viaje. La Intención del QE provoca un delicado impulso que revela por completo lo que quieres; cómo y cuándo lo conseguirás depende enteramente de las fuerzas de la creación. La Eumoción es la mente maestra que organiza esas fuerzas en tu nombre.

Supón que estás en una gran ciudad de un país extranjero donde no hablas ni entiendes el idioma y que, para llegar a tu destino, tienes que atravesarla entera. Podrías alquilar un coche e intentar abrirte camino por tu cuenta, pero, como no conoces las normas de circulación de ese país y eres incapaz de leer un mapa ni las señales de tráfico, las posibilidades que tendrías de llegar a tu destino sin perderte y desalentarte serían prácticamente nulas. Así que tomas un taxi. El conductor sabe cuál es el camino más corto para llegar a tu destino. Sabe cómo dar un rodeo para evitar las calles donde puede haber embotellamientos y las zonas que están en obras y, además, te puede ir señalando lugares de interés por el camino. En algunos momentos, quizá te lleve incluso en la dirección contraria al lugar al que quieres ir, pero, al final, llegarás a tu destino sano y salvo, con mucha mayor facilidad y rapidez. Como pasajero, no tienes que hacer absolutamente nada. Eres el perfecto observador, ajeno a los detalles prácticos de cómo llegar a tu destino. Cuando tienes una Intención del QE, le das la dirección al conductor (la Eumoción) y te arrellanas en el asiento a disfrutar del viaje.

Cuando tengas una Intención del QE, no necesitarás tratar de convencerte de nada, ni poner toda tu energía en crear una atmósfera positiva. Todo fluirá de ti con la naturalidad con que fluye el agua ladera abajo. De hecho, esta es una buena forma de considerar la Intención del QE. Si eres una gota de rocío en la punta de una hoja y palpitas con el deseo de fundirte con el océano ilimitado, no tienes que intentar hacer nada para llegar a él. La gravedad te hará caer a la tierra, donde te unirás a otras gotas y, juntas, formaréis una poza, que un día se desbordará, y te encontrarás fluyendo hacia la madre de todas las gotas de rocío: el océano.

¿Será un viaje en línea recta? ¡Jamás! Al principio fluirás y luego reposarás en una poza, y volverás a fluir, y a detenerte. Mientras estés en la poza, quizá sientas que no llegas a ninguna parte, que no estás consiguiendo nada, pero se irán congregando a tu alrededor muchas más gotas, y pronto el impulso colectivo la hará desbordarse y te encontrarás de nuevo corriendo veloz hacia el gran océano. A veces fluirás hacia la derecha, a veces hacia la izquierda, y a veces incluso te alejarás del océano y sentirás de nuevo que estás perdiendo el tiempo y que, a ese ritmo, nunca alcanzarás la meta. Hay un dicho que se oye con frecuencia en los círculos espirituales: «Cuanto más cerca esté la meta, más rápido y fácil será el viaje». Y así, cuando menos lo esperes, verás que te unes a los arroyos y ríos y que el viaje hacia el océano es en verdad más rápido y fácil. La gravedad y las fuerzas de la hidrodinámica te han guiado desde la punta de la hoja hasta el océano sin que hayas tenido que hacer ningún esfuerzo. La preocupación y el esfuerzo individual tuvieron poco que ver con el resultado. Lo mismo ocurre con la Intención del QE. No hace falta más que tu delicado deseo, que te situará en la corriente de las fuerzas de la creación, no para que te ayuden en tus esfuerzos, sino para que te transporten, más allá del esfuerzo, a la plena realización de tu deseo. Eres entonces el testigo de tu propia creación, el progenitor de la paz y la armonía, con nada más que un pensamiento.

### Puntos principales del capítulo 12

✧ La Eumoción Pura es tener conciencia de la conciencia pura y de la Eumoción simultáneamente, antes de que tu mente perciba sentimientos como la dicha, la paz o la beatitud.

✧ Quienes pueden obrar milagros y materializar cosas de la nada lo hacen desde el nivel de la Eumoción Pura.

✧ Cuanto más establecida esté nuestra conciencia en la Eumoción Pura, mayor orden se reflejará en nuestras vidas.

✧ La Eumoción Pura funciona incluso aunque no entiendas nada ni creas en ello.

✧ Si quieres algo que las leyes de la naturaleza apoyen, lo tendrás. Si lo que deseas no es lo adecuado para ti, se te ofrecerá algo aún mejor en su lugar.

✧ La Eumoción es el elemento esencial de cualquier trabajo de intención.

✧ El trabajo de intención no debería suponer ningún esfuerzo.

✧ Cuanto más lejos de la Eumoción intentemos tener éxito, más nos veremos obligados a trabajar para ello.

✧ El éxito de una intención depende de una sola cosa: tu nivel de conciencia.

✧ Cuando tienes una Intención del QE, le das la dirección al conductor (la Eumoción) y te arrellanas en el asiento a disfrutar del viaje.

# Capítulo 13

## CÓMO TENER UNA INTENCIÓN DEL QE

*Anhela algo, y lo conseguirás. Renuncia al anhelo, y el objeto te seguirá por sí solo.*

SWAMI SIVANANDA

### CELEBRACIÓN ÍNTIMA DEL SER

En muy poco tiempo, hemos aprendido muchas cosas interesantes, entre ellas el QE y cómo deslizarse bajo las aguas tempestuosas de la mente limitada y encontrar paz interior, la base de la plenitud. También hemos disfrutado de una serie de experiencias reveladoras. Lo que estamos a punto de aprender ahora es una técnica ancestral, que se remonta a hace miles de años. En aquellos tiempos, constituía una parte más íntima de nuestras vidas, antes de que la mente se dejara arrastrar hacia el exterior, perdiera de vista lo que es necesario y aceptara con gusto jugar en el campo de los excesos. En un principio, nos vimos obligados a controlar nuestro entorno para poder sobrevivir, pero, cegados por la exuberancia con que la tierra respondió, nos empeñamos en dominarla y, en el proceso, el ser humano se perdió de sí mismo. El procedimiento que vas a aprender dentro de un momento proviene de una época mucho más sencilla, en la que estábamos más cerca de nuestro Ser. Es una tecnología sencilla y, a la vez, definitivamente suprema, que nos devolverá lo que perdimos por ignorancia o falta de atención. Hemos tocado muchos temas en preparación de este momento, pero, en última instancia, la Intención del QE es una celebración personal e íntima de tu Ser. Su magia te envolverá incluso aunque no entiendas nada de lo que te he explicado hasta ahora, así que deja a un lado tus herramientas analíticas, si quieres, y prepárate para retornar al estado original, al que existía antes de que se le impusiera el caos de la mente moderna.

Una sesión de Intención del QE es un suceso específico y bien definido, por lo menos al principio. Con el tiempo, tu sesión de Intención del QE empezará y terminará en un abrir y cerrar de ojos, y no requerirá ningún tipo de preparación; pero, por ahora, seguiremos el proceso paso a paso, y así nos aseguraremos de que se convierte para ti en algo totalmente natural. Dentro de poco, tener una Intención del QE te resultará tan natural como pensar.

Y ahora, por favor, presta mucha atención a lo que sigue, pues se trata de algo crucial para garantizar el éxito de la Intención del QE. No se llega a ella como a una intención tradicional, ya que es en sí misma algo muy singular, y está exenta de cualquier complicación, directa y sencilla. Si quieres una casa nueva, no hace falta que la construyas ladrillo a ladrillo ni que tengas una vívida imagen mental de ella; lo único que necesitas es algo que ya te está esperando en tu mente: tu deseo, la impresión de tu casa que ya se ha formado. El deseo de esa casa existía en ti incluso antes de que te percataras de él, y la Intención del QE consiste en hacerte consciente de una manera especial de ese deseo ya existente, a fin de que las fuerzas de la creación quieran que sea tuya. La Intención del QE sitúa tu deseo en el lugar apropiado para que favorezca un plan de dimensiones mucho mayores y forme parte de él.

Todos tus deseos viven en algún nivel de ti hasta que se satisfacen. La mayor parte del tiempo, los encontrarás pacientemente aposentados en los niveles más silenciosos de tu mente, esperando a que te apercibas de ellos. Y ¿cómo te apercibes de tu deseo-intención? ¡Simplemente sé consciente de él! Pero recuerda que el éxito de tu intención depende de la cualidad de tu conciencia, y la experiencia más refinada de la conciencia que puedas tener es la Eumoción Pura. Cuando te haces consciente de tu deseo-intención mientras lo eres de la Eumoción Pura, su potencial de satisfacción es máximo en todos los niveles de tu vida.

Cuando tienes una Intención del QE, te asocias, por así decirlo, con la conciencia pura, que es la base de toda la creación. Al proyectarse a través de la Eumoción, la conciencia pura crea lo que consideras que es tu vida. La Eumoción, la expresión más pura de la conciencia pura, sabe lo que hace, luego lo mejor es dejar que sea ella la que te construya la casa. La Intención del QE, con destreza y delicadeza, sitúa tu deseo-intención en la expresión más sutil de la Eumoción, en la sede misma de la creación.

# *la* Eumoción

## NO HAGAS NADA Y CONSÍGUELO TODO

Tal vez la casa ideal para ti no sea la que imaginas. La mayor parte del tiempo, el deseo inocente que proviene del nivel más silencioso de la mente recibe las bofetadas y los empujones de los pensamientos más bravucones y menos ordenados que también hay en tu mente. La Eumoción sabe lo que te conviene mejor que tú, y sabe cómo dártelo del modo más eficiente, sin crear desarmonía en ti ni en los demás. Si la casa que tienes en mente es la adecuada para ti, la conseguirás tal como la ves en tu imaginación. Sin embargo, es más que probable que la casa apropiada para ti sea mucho mejor de lo que imaginabas, y el hecho de que tu intención no sea específica le dará a la Eumoción la libertad de reunir en torno a ella todas las fuerzas de la creación para que te encuentren la vivienda perfecta. Cuanto más concretes y más fuerza de voluntad le impongas a tu intención, más distorsionarás la inocencia de tu deseo original y menos probable será que se colme ese deseo. También puede ser que trabajes con ahínco y consigas exactamente la casa que imaginabas pero que, sin embargo, no te sientas completamente satisfecho. Quizá conozcas a alguien que logró justamente lo que tenía planeado pero no pudo disfrutar de ello, puesto que en realidad no era lo que necesitaba. Durante el proceso de la Intención del QE, cuando te pido que seas consciente de tu intención, no te esfuerces; ten simplemente una vaga idea de lo quieres, y luego deja que la Eumoción se ocupe del trabajo pesado. Bien, ¿listo para no hacer nada y conseguirlo todo?

Primero, sé consciente de lo que quieres. Deja que tus pensamientos fluyan suavemente hacia el deseo-intención que tu mente ya ha creado. No intentes cambiarlo por algo

146

distinto; ya es perfecto. Se ha creado en ti, ha nacido de ti, y no hay otro igual en toda la creación. Reconoce tu deseo y acéptalo tal como es. Intentar cambiarlo por algo mejor o más tangible únicamente lo convertirá en algo menos perfecto. Por tanto, cuando te pida que pienses en tu intención, lo único que has de hacer es ser consciente de lo que ya está en ti. Sencillísimo, ¿a que sí?

### EXPERIENCIA: CÓMO TENER UNA INTENCIÓN DEL QE

*Encuentra un lugar cómodo donde sentarte sin que nada te moleste durante aproximadamente quince minutos. Cuando estés listo, empieza el proceso del QE tal como aprendiste a hacerlo al principio, pero quédate sentado con los ojos cerrados. Empieza por observar tus pensamientos sin esfuerzo ni expectación. Pronto, como ocurrió antes, los pensamientos se irán ralentizando y silenciando o desaparecerán del todo. En cualquier momento del camino, es posible que tomes conciencia de la Eumoción: un sentimiento de quietud, ingravidez, suavidad, paz o cualquier otro sentimiento agradable. Gracias a haber practicado el QE estos últimos días, quizá te encuentres con que la Eumoción te está esperando en cuanto cierres los ojos. Cualquiera que sea el momento en que la encuentres, permítele a tu conciencia estar clara y suavemente con ella; deja que siga su curso el impulso de la conciencia de abrazar con naturalidad el tierno reflejo de la Eumoción.*

*Sigue siendo consciente de la Eumoción de esta manera sencilla durante cinco minutos, o sintiéndote muy silencioso y tranquilo en cuerpo y mente, o teniendo momentos en los que no eres consciente de tu mente y de tu cuerpo. (Ten cuidado de no adelantarte ni anticipar ningún cambio del cuerpo y de la mente, pues un incremento de la actividad mental en busca de esos cambios puede impedir que ocurran. Lo único que has de hacer es comprobar si no has tenido conciencia del cuerpo y de la mente o si te sientes muy silencioso o sosegado.)*

*Toma conciencia de la Eumoción. Identifícate con ella. ¿Es paz, ingravidez, dicha o beatitud? Simplemente presta atención a lo que es..., estate al tanto, como está atento un gato a una madriguera de ratones. Vigila con intensa atención para ver qué hará acto seguido.*

*Según estás atento a la Eumoción en este estado de tranquilidad, fíjate en que sientes cierta quietud. Ahora, hazte más consciente de ella; obsérvala con silenciosa atención. Nota que, mientras observas la quietud, nada se mueve..., ni siquiera la mente. Todo está quieto, no hay ningún movimiento. Esto es la Eumoción Pura. Sabes que eres consciente, pero no hay nada de lo que ser consciente. Tu cuerpo, tu mente y toda la creación están quietos, como si contuvieran la respiración.*

*Ahora estás preparado para sembrar la semilla de la intención en la tierra fértil de la Eumoción Pura. Profundamente establecido en la quietud de la Eumoción Pura, deja que tu mente pase con naturalidad al deseo. Tal como se manifieste en tu mente, hazte consciente de qué es lo que quieres. Luego, con la misma naturalidad, piensa suavemente en tu intención, en cómo será conseguir lo que deseas. Ha de ser un pensamiento muy breve, sin ningún tipo de detalle. No intentes elaborar o crear una intención; limítate a observarla en su estado más simple, pero completo, inocente y puro. Mantén tu papel exclusivamente de observador.*

*Deja que tu conciencia retorne a la quietud de la Eumoción Pura. Si no está presente, lo estará algún aspecto de la Eumoción —paz, dicha, liviandad, amor—, y dentro de ese buen sentimiento, siempre encontrarás quietud. La quietud está en todo; obsérvala como antes hasta que todo movimiento se detenga. Cuando vuelvas a ser consciente de la Eumoción Pura, habrás completado tu Intención del QE. Puedes repetirlo tantas veces como quieras en cada sesión. Sigue toda percepción de quietud con fluida conciencia de tu deseo-intención, y luego retorna a la quietud.*

En esto consiste la Intención del QE, ni más ni menos. Si tu deseo está motivado por una emoción negativa, como la ansiedad o la culpa, verás que ya te sientes mejor. Esa es la primera muestra de la reparación, pero, además, has puesto en marcha las ruedas de la creación para que te satisfagan en el nivel material, así que siéntate cómodamente y contempla cómo el genio de la vida te ofrece una oportunidad de disfrute tras otra.

Volvamos atrás y examinemos más detenidamente cuál es en realidad la mecánica de la Intención del QE. El primero de sus elementos al que quiero que prestes especial atención es la Eumoción Pura. Se trata de la conciencia más sutil y poderosa y, por tanto, más abstracta. Aunque la Intención del QE opera mejor desde la conciencia de la Eumoción Pura, también funciona a las mil maravillas cuando eres consciente de los sentimientos menos abstractos que están asociados con la Eumoción, y me refiero al silencio, a la ingravidez, a la paz, a la dicha o a la beatitud que sientes cuando eres consciente de ella. (No olvides que los sentimientos de amor y paz de la Eumoción nacen de la quietud de la Eumoción Pura. Son la primera actividad de tu mente después de la ausencia de actividad de la Eumoción Pura.)

Hay algo que quiero decirte. Cuando empieces a practicar la Intención del QE, quizá no distingas nítidamente la quietud asociada con la Eumoción Pura de la paz o el amor que nacen de la Eumoción más común. De hecho, si vas en su busca, posiblemente la pases por alto, puesto que buscar es una actividad y está, por consiguiente, en total oposición a la observación inocente y sencilla de la ausencia de actividad que caracteriza a la quietud. Ya sé, ya sé que es muy peculiar, pero yo no he hecho las normas; estoy aquí solo para señalártelas. Lo bueno es que la Intención del QE funciona tanto con la Eumoción como con la Eumoción Pura. Te la he enseñado desde la perspectiva más refinada, la de la Eumoción Pura, para que sepas que existe, pero con la misma facilidad, y casi con los mismos resultados, puedes tener una Intención del QE haciéndote consciente de cualquiera de los sentimientos que la Eumoción genere en tu mente. El proceso de tu Intención del QE sería entonces algo así:

❖ Con naturalidad, hazte consciente de la Eumoción (silencio, paz, ingravidez, amor, etcétera).
❖ Deja que tu conciencia se vuelva con naturalidad hacia tu deseo-intención, y estate tranquilamente atento para ver qué ocurre.

✧ Retorna suavemente a la quietud de la Eumoción Pura.

Para facilitar la lectura y evitar cualquier confusión, de ahora en adelante emplearé el término «Eumoción» tanto para referirme a la Eumoción Pura como a la Eumoción (con sentimiento); así sabrás que cada vez que use la palabra «Eumoción», la Eumoción Pura está incluida también. Sin embargo, cuando practiques la Intención del QE, sigue buscando la Eumoción Pura, ¿de acuerdo? Bien, entonces sigamos.

Vamos a dedicar un minuto o dos a hablar de la intención. La Intención del QE comprende tanto el deseo como el propósito de satisfacerlo, de modo que, cuando tengas una Intención del QE, es posible que seas consciente de ambos o que tu conciencia perciba solo uno de los dos. En realidad, los dos —deseo e intención— proceden de la misma fuente, y tener conciencia de uno de los dos satisfará ambos. Cualquiera de los dos sirve, siempre que no intentes manipular lo que se refleje en la pantalla de tu mente. Basta con que tengas el impulso de ser consciente de tu intención, y lo que quiera que aparezca estará bien. También en este caso, para simplificar las cosas, a partir de ahora emplearé solo la palabra «intención» para referirme tanto al deseo como a la intención que lo acompaña.

## Sobre cachorros y pelusa de diente de león

Esta es una forma muy sencilla de tener una Intención del QE y disfrutar con ella. Tiene su encanto particular y el mismo poder inherente que lo que antes he descrito.

Personalmente, prefiero este método alternativo, y es casi el único que utilizo. Voy a explicarte cómo hacer uso de él.

Una vez que soy consciente de la Eumoción y de mi deseo, tengo un delicado pensamiento que represente la satisfacción de ese deseo de manera divertida y estimulante. Si, por ejemplo, mi deseo es tener una relación más feliz con otra persona, tal vez el pensamiento sea el de *la felicidad de unos niños jugando*, o el de *fluir con la naturalidad de un río*. Luego dejo que la mente retorne a la Eumoción, pues ella sabrá exactamente qué hacer con la forma que ha adoptado la Intención del QE; después de todo, ella ha sido la que en principio me ha dado la imagen. Una vez que seas consciente de la imagen de tu intención, la Eumoción pondrá en marcha las ruedas de la creación.

Mucha gente prefiere este método porque tiende a añadir un elemento de juego y ligereza que refleja con más fidelidad la auténtica dicha de la creación. Puedes usar cualquier frase que se te venga a la mente y que refleje el espíritu de tu intención. Eso sí, ten cuidado de que esa imagen de tu intención esté contenida en una sola palabra o una frase corta, y deja que muestre una acción. A continuación, pondré algunos ejemplos de maneras de formar intenciones que yo he utilizado. Aunque puedes usar las mías, es mejor que poco a poco vayas dejando que sean las tuyas las que afloren a la superficie de tu conciencia. Y ten presente que estas intenciones pueden cambiar entre dos sesiones de Intención del QE o incluso durante una misma sesión. No seas rígido. Lo que quiera que surja en tu mente y apoye el cumplimiento de tu deseo es perfecto. Unos cuantos ejemplos:

### Relaciones

- ✧ La compasión de una madre
- ✧ Cordial y cariñoso como un cachorro
- ✧ Vasto y abierto como el cielo
- ✧ Misterioso como el océano

### Economía

- ✧ Amor en forma de dinero
- ✧ Regar mi árbol del dinero
- ✧ Dar incesantemente desde un pozo sin fondo
- ✧ Dinero que me nace de las yemas de los dedos

### Salud

- ✧ Sólido como una montaña
- ✧ Ligero como la pelusa del diente de león
- ✧ Claro como la luz de la mañana
- ✧ Fluido como el viento

### Espiritual

- ✧ Quieto como una piedra
- ✧ Saber sin saber
- ✧ Todas las cosas son mi esencia (Eumoción)
- ✧ Luz sin llama

#### CÓMO HACER UN BOCADILLO DE INTENCIÓN

A veces, quizá te des cuenta de que tu intención ha cambiado. Si es así, déjala ser lo que quiera. Puede parecer que va en dirección contraria a la que conscientemente deseabas, pero no interfieras; permite que tu intención se exprese. Lo que está ocurriendo en ese momento es que te estás reinventando *tú mismo*. Es la reorganización de las limaduras de hierro al acercarse el imán (la Eumoción), alinear los elementos caóticos de tu vida en perfecto orden. Llegado a este punto, estás abierto a todas las soluciones posibles que lleguen de todas las direcciones de la creación, a diferencia de lo que sucede cuando tienes una intención en la conciencia común, donde el control y la imaginación no son completamente puros, sino que están al servicio bien de las emociones deformantes, bien de la lógica inflexible, o bien de ambas.

Fíjate, tienes tu inteligencia amorosamente anidada entre dos rebanadas de Eumoción. Estás creando algo muy especial, ¿te das cuenta? Podrías considerar que estás preparando un bocadillo de intención. Si la Eumoción fuera el pan, colocarías una rebanada sobre la mesa de la conciencia pura, que se quedaría *quieta*, y, sobre ella, pondrías con cuidado la carne de tu intención (o tu hamburguesa de soja, para los lectores veganos y vegetarianos); luego colocarías encima de tu intención la otra rebanada del pan de la Eumoción y, ¡listo, el bocadillo de intención perfecto! Por supuesto, estoy bromeando un poco contigo, pero esto sirve para ilustrar que la Intención del QE se forma así: Eumoción-intención-Eumoción.

Otra manera de contemplar la Intención del QE es con los ojos del amor universal. El amor universal es como tu madre: quiere que tengas todo lo que deseas, pues no considera que tu deseo esté separado de ti. Tanto como te ama a ti, ama tu deseo. Cuando tienes una Intención del QE, el amor universal lo acoge en los brazos de su Eumoción, lo cuida, lo ama y lo alienta a crecer y a prosperar. Si, como un niño, deseas algo que sea perjudicial o superfluo, ella te conducirá en una dirección más productiva. Quizá incluso te distraiga con un regalo mayor, que acallará tu deseo original y te dejará con mucho, muchísimo más.

Cuando tengas una Intención del QE y tiendas delicadamente tu intención en el lecho silencioso de la Eumoción, puede hacer dos cosas: disolverse de inmediato en la Eumoción o empezar a tomar vida propia, como si se tratara de una película. Si es así, ve la película que tu intención exhibe en la pantalla de la conciencia durante un minuto más o menos, y luego permite que tu conciencia se vuelva suavemente de nuevo a la Eumoción. Si tu intención se disuelve en la Eumoción al instante, al cabo de aproximadamente un minuto de quietud la conciencia tendrá el impulso de retornar a tu intención.

Por tanto, tu intención bien vuelve a la Eumoción y se disuelve en ella o bien se manifiesta en tu mente como si fuera una película. Cualquiera de las dos experiencias es perfecta. En cualquiera de los dos casos, cuando vuelvas a ser consciente de la Eumoción, asegúrate de que lo eres con mucha claridad. En esa quietud, estate atento a la Eumoción como vigila el gato la madriguera de los ratones para ver qué ocurre a continuación. Después de estar con la Eumoción un minuto más o menos, nuevamente con mucha suavidad vuelve a tomar conciencia de tu intención. Continúa este proceso de alternar la Eumoción con tu intención y repite con delicadeza el ciclo tantas veces como quieras y te resulte cómodo. Esta es la manera de tener una Intención del QE. Ahora, termina la sesión con un período de entre dos y cinco minutos, o más si quieres, de QE, es decir, siendo consciente de la Eumoción cuando la tengas ante ti y dejando que todo lo demás siga el camino que quiera.

Lo que haces, en esencia, es tener tu intención y luego dejarla que nade libremente en las fértiles aguas de la Eumoción. No se trata de que te aferres en modo alguno a tu intención; deja que su impulso se deslice en tu conciencia, reconócelo y luego permite que se disuelva de nuevo en la plenitud de la Eumoción.

Como he dicho hace un momento, es posible que, en lugar de disolverse en la Eumoción, tu intención empiece a desplegar sus partes ocultas como se despliegan los pétalos de una flor que se abre. Es un acto automático, no algo que tú hayas de iniciar, así que limítate a contemplarlo como si se tratara de una película que se proyectara en la pantalla de tu mente, sin interferir de ninguna manera en la proyección. Las fuerzas creativas universales están reorganizando el tiempo y los acontecimientos a tu favor. Así es como se reescribe la historia de tu vida. Puede que la película de tu intención tenga sentido o que no lo tenga, a medida que va transcurriendo ante ti. En este momento, da igual lo que aparezca en ella; no te inmiscuyas: limítate a observarla y disfruta. Y si te ves envuelto en la película de tu intención y te olvidas de retornar a la Eumoción durante un par de minutos, tranquilo, no pasa nada; simplemente vuelve a ella cuando la secuencia de pensamientos se desvanezca. Asimismo, es posible que tu mente empiece a divagar hacia temas relacionados con ella. Tampoco pasa nada; cuando te des cuenta de que tu mente está vagando, ten un silencioso impulso de regresar a la Eumoción Pura y hacer otro bocadillo de intención.

Muchas veces, mientras se tiene una Intención del QE, es posible que afloren ciertos deseos relacionados con otras partes de tu vida. Con la Intención del QE, a menudo puedes matar dos, tres o más pájaros de un tiro. Todos tus deseos están en realidad relacionados unos con otros, y todos ellos nacen del deseo básico que tiene el ego de reunirse con la Eumoción. Por tanto, si se presentan otros deseos durante una sesión de Intención del QE, no hay ningún problema en que disfrutes de ellos como sustitutos de tu intención original. Cuando empieces desde el principio una nueva sesión de Intención del QE, no obstante, comienza siempre por tu intención original.

En momentos de gran estrés emocional, quizá te encuentres con que la sesión de Intención del QE está plagada de pensamientos. Eso posiblemente no te permita disfrutar de la sesión tanto como en otras ocasiones, pero los pensamientos en sí no suponen un problema, así que no luches contra ellos creyendo que no deberías tenerlos; si están es porque eso es exactamente lo que debe ocurrir. Cuando te des cuenta de que tu mente se ha ido por las ramas, limítate a observar los pensamientos con atención sin tratar de interferir, como hacías cuando estabas aprendiendo el proceso del QE. Durante esas sesiones, lo más probable es que no experimentes la profunda quietud de la Eumoción Pura. No importa. Cuando se presente algún período de tranquilidad y silencio relativos, hazte consciente de tu intención y luego de la Eumoción en el grado que tengas posibilidad de hacerlo. Cada sesión de Intención del QE será diferente. No intentes hacerlas ni todas iguales ni todas distintas; acepta lo que sea tal como es, ya que la Intención del QE funcionará independientemente de cómo sea tu experiencia subjetiva.

Para obtener resultados de verdad asombrosos, realiza varias sesiones de Intención del QE al día. Te recomiendo que duren entre cinco y diez minutos al principio. Además de movilizar las fuerzas creativas de la creación para colmar tus deseos, una sesión de Intención del QE presenta muchos otros beneficios. Dentro de poco, serás capaz de tener una Intención del QE entre dos latidos del corazón, en cualquier lugar, en cualquier momento; pero no tengas prisa, porque no se trata de una meta que debes alcanzar, sino algo que llegará espontáneamente a su debido tiempo.

Puedes tener una Intención del QE para cualquier clase de deseo —no siempre ha de ser algo serio o importante—, y si quieres, a lo largo de todo el día. Ten una Intención del QE para los deseos más frívolos que surjan en ti, como un helado cubierto de caramelo caliente o unas pinzas de depilar nuevas. Adelante, pásalo en grande..., te lo has ganado.

En los capítulos siguientes, mientras la Intención del QE y tú os hacéis buenos amigos, te ayudaré a darte cuenta del poder que tiene este proceso que acabas de aprender. Me gustaría entrar un poco más en detalle sobre cómo aplicarla a preocupaciones tales como una enfermedad crónica, una situación económica inquietante, o la manera de lograr equilibrio emocional o de resolver cualquier problema, y añadiré también algunas técnicas para ayudar a otros a salvar sus obstáculos y a reconocer sus deseos más profundos. Antes de pasar al capítulo siguiente, preferiblemente de inmediato, me gustaría que hicieras otra sesión de Intención del QE completa. Adelante, deja el libro sobre las piernas y permite que uno de tus deseos salga a la superficie de tu conciencia. Con suavidad, hazte consciente de la Eumoción... de tu intención... de la Eumoción... y disfruta de una dichosa sesión completa de Intención del QE.

(*Nota*: incluso aunque no estés viviendo actualmente ningún tipo de discordia emocional, te recomiendo que leas el capítulo siguiente, sobre la *gestión* de las emociones, ya que contiene instrucciones básicas que pueden aplicarse al resto de los capítulos. Esto te ahorrará tener que leer lo mismo en cada uno de ellos.)

## Puntos principales del capítulo 13

⬥ La Intención del QE es una tecnología ancestral que se remonta a hace miles de años.

⬥ La Intención del QE empieza por que te hagas consciente de la profunda quietud de la Eumoción Pura.

⬥ Luego, toma conciencia tranquilamente del deseo-intención que tu mente ya ha creado.

⬥ La Intención del QE es como un bocadillo de intención, en el que tu intención se encuentra entre dos rebanadas de la quietud de la Eumoción.

⬥ La película de la intención que se proyecta en la pantalla de tu mente es la Eumoción, que reescribe tu vida para satisfacer tu deseo.

⬥ Para obtener los más asombrosos resultados, realiza varias sesiones de Intención del QE al día.

⬥ Disfruta de toda clase de deseos: serios, divertidos o frívolos.

## Capítulo 14

# GESTIÓN EMOCIONAL

*Es esencial que concedas espacio a los demás —y que te lo concedas a ti mismo—, ya que el amor no puede florecer sin él.*

ECKHART TOLLE

### INCLUSO EL DALAI LAMA SE ENFADA

No creo que realmente valga la pena que nos empeñemos en tener una salud emocional positiva. No conozco ni a una sola persona que esté por encima de la discordia emocional. Hasta el Dalai Lama dice que se enfada de vez en cuando. En un momento u otro, todos luchamos contra las emociones negativas y, con demasiada frecuencia, nos agobiamos por ello hasta el punto de que eso afecta negativamente a nuestras vidas.

El problema de las emociones descontroladas es que pisotean nuestras facultades lógicas y distorsionan y anulan nuestra capacidad para pensar de manera clara y palpable. A menudo, la persona que se deja arrastrar por las emociones negativas ni siquiera es consciente de que tenga un problema, y cuando un amigo bienintencionado alude a dicha aberración emocional, es posible que lo mire como a un ente que acabara de caer de un planeta lejano desprovisto de vida inteligente; simplemente no es capaz de creer que tenga un problema, y mucho menos que ella sea el problema.

Da igual si crees que tú eres el problema o que lo es otra persona; en cualquiera de los casos, la Intención del QE funcionará a las mil maravillas. Funciona igual de estupendamente en el amigo bienintencionado que en el individuo que está emocionalmente maltrecho, y la razón es que podemos tener una Intención del QE para nosotros mismos o para los demás. Sí, así es: puedes tener una Intención del QE por el bienestar de otra persona con plena confianza en que únicamente será para bien. No, no necesitas que esa persona te dé permiso para ello, puesto que, en realidad, tú no *haces* nada. Como ya sabes, una vez que tienes una Intención del QE, has terminado: tu intención anida en los amorosos brazos de la Eumoción y será ella la que la lleve a cabo, no tú.

Hay algo que conviene puntualizar. Creo que es obvio, pero tengo que decirlo de todos modos. Yo no he recibido una formación en las artes psicológicas, y no creo que el Quantum Entrainment ni la Intención del QE deban sustituir a la atención psicológica profesional. De hecho, pienso que la complementan: los profesionales de la psicología clínica han empezado a utilizar el QE y la Intención del QE para ayudar a sus pacientes a superar traumas psicológicos graves así como trastornos crónicos, y muchos de ellos están entusiasmados al descubrir que las técnicas de la Eumoción reducen rápidamente su sufrimiento. Tengo la esperanza de que en un futuro no muy lejano podamos patrocinar estudios clínicos para demostrar la eficacia del QE en el campo de la psicología. Entretanto, la persona lega debe saber que el Quantum Entrainment y la Intención del QE son extremadamente valiosos como herramientas para reducir y eliminar la desarmonía psicológica, pero nunca deben sustituir a los cuidados de un profesional cualificado. Por supuesto, esto puede aplicarse a todo tipo de dolencias físicas en todos los campos de la medicina. Y ahora volvamos a la programación que teníamos prevista.

Ya he explicado cómo la intención tiene dos partes: el objeto y la emoción asociada a él. Cuando tenemos una Intención del QE para la discordia emocional, puede que el objeto haya de ser necesariamente la emoción; o quizá experimentes la bifurcación más tradicional en objeto y emoción, es decir, si tu suegra viniera a pasar unos días de vacaciones con vosotros, y seis meses después siguiera repitiéndole a tu esposa que cometió un error de lo más lamentable al casarse contigo, tendrías el objeto (tu suegra) y las emociones asociadas a él. La emoción podría ser rabia, frustración, ansiedad, confusión, depresión, angustia, tristeza incontrolable o un inconsolable pesar; y, puesto que está relacionado con tu suegra, probablemente sería todas ellas juntas.

He separado la intención en dos partes principalmente para facilitar la explicación, pero tú no tienes por qué preocuparte por ellos a menos que realmente quieras hacerlo. La Intención del QE se encarga de ambos a la vez, sin que tú tengas que hacer nada. Dicho esto, hay personas a las que les gusta jugar con las partes de su intención mientras están envueltas en ese manto de beatitud que conocemos por el nombre de Eumoción. Es totalmente una cuestión de preferencias; mientras seas consciente de la Eumoción, tu intención se satisfará todo lo plenamente que permitan las leyes de la naturaleza.

### EXPERIENCIA: INTENCIÓN DEL QE PARA LAS EMOCIONES

Te recomiendo que en las primeras sesiones de Intención del QE emocional trabajes con problemas de intensidad entre baja y moderada. Una vez que te sientas cómodo y hayas adquirido un poco de experiencia con el proceso, puedes pasar a preocupaciones emocionales más difíciles.

*Siéntate tranquilamente en un lugar donde no vayan a molestarte en los próximos cinco o diez minutos. Con los ojos cerrados, deja que tu mente se haga consciente de lo que te preocupa o causa malestar. Saca a la luz la situación y las emociones que la acompañan. Deja que se manifiesten con toda su intensidad y luego evalúalas en una escala del 0 al 10, en la que 10 significa absolutamente insoportable y 0, libre de malestar. Recuerda el número inicial, pues repetirás este ejercicio una vez que hayas terminado con la sesión.*

*Realiza el QE durante dos o tres minutos, tomando conciencia de la Eumoción. Sentirás cierta calma mental y relajación corporal. Deja que tu mente se dirija al problema y, acto seguido, a la solución, a cómo te gustaría resolverlo. Estos dos pasos, hacerte consciente del problema y luego de la solución, constituyen un proceso bastante fluido:*

*piensas en lo uno y a continuación en lo otro, y después te desprendes de ambos al retornar tu conciencia a la Eumoción. (Recuerda que «Eumoción» significa tanto la nada de la Eumoción Pura como los sentimientos de la simple Eumoción. Cualquiera de los dos está bien.)*

*Si tu problema tuviera que ver con tu suegra, usando el ejemplo anterior, el proceso podría ser algo así: desde la sencilla plenitud de la Eumoción, tu mente se hace consciente de las emociones que experimentas con tu suegra y la situación que rodea a esas emociones. No dirijas tu mente de ninguna manera, pues descubrirás que ella sola se verá atraída hacia el aspecto más preocupante; lo único que tú has de hacer es pasar el tiempo necesario con las emociones y la situación para reconocerlo, lo cual sucederá en el tiempo que tardas en tener uno o dos pensamientos. Después, deja que, con la misma fluidez, tu conciencia vaya a la solución. Este proceso es igual de automático que el anterior, así que dale vía libre a tu mente.*

*En este momento, quizá veas a tu suegra recoger sus bolsas, darte un gran abrazo y embarcar en un avión hacia Seattle para irse a vivir a casa de tu cuñada. La solución suele presentarse casi siempre sin ningún esfuerzo consciente de tu parte. Si se resistiera a aparecer con esta facilidad, puedes ayudar un poco al proceso pensando ligeramente en una solución y dejándola establecerse en la Eumoción. La Intención del QE siempre es divertida y vivificante; no hagas de ella una tarea rutinaria aunque el tema en cuestión sea bastante serio. Recuerda que no tienes que construir la casa ladrillo a ladrillo; un ligero empujón es cuanto la Eumoción necesita de ti.*

*Ten tu Intención del QE cada minuto más o menos durante los próximos tres a cinco minutos y termina la sesión con otro período de tres a cinco minutos de QE, es decir, de ser simplemente consciente de la Eumoción. A continuación, no saltes de la silla de inmediato y empieces rápidamente a hacer cualquier cosa. Tómate un poco de tiempo; deja que tu mente vague durante un rato mientras te preparas para el día que te espera, y aprovecha ese tiempo para volver a las emociones y a la situación, como hiciste al principio de la sesión de Intención del QE: permite que las emociones se expresen en toda su magnitud y, de nuevo, evalúalas del 0 al 10. Casi en todos los casos, verás que la ansiedad, el miedo, la rabia, la tristeza, el pesar, la culpa o la frustración habrán descendido notablemente.*

Ahora, y esto es muy importante, olvídate de lo que acabas de hacer y entrégate a tus quehaceres cotidianos como si no hubiera ocurrido nada. Aunque es mucho lo que ya ha sucedido, la mayor parte de ello continúa fraguándose entre bastidores. Déjalo ahí; accede a que las fuerzas organizativas de la creación hagan su trabajo, mientras tú te ocupas de tus asuntos como has hecho siempre. Créeme, tu vida cambiará inconmensurablemente por lo que has hecho hace unos momentos, o mejor dicho, por lo que no has hecho. Si te pasas el día examinando tu vida y tratando de comprobar si tu intención está funcionando, puedes obstaculizar el proceso en cierta medida, ya que cada vez que haces una comprobación para ver si se ha producido algún progreso, recalibras ligeramente tu intención desde el nivel actual de conciencia común, y, aunque en ningún caso podrás eclipsar por completo ni una sola sesión de Intención del QE, sí puedes ralentizar un poco sus resultados. Afortunadamente, cualquier distorsión que puedas introducir quedará neutralizada cuando realices tu próxima sesión de Intención del QE. De modo que, como digo, haz la sesión y, cuando termines, sigue con tu vida como harías habitualmente. Cuando llegue tu regalo, te sorprenderás, te sentirás agradecido, por supuesto, y un poco perplejo, pues lo has conseguido sin hacer nada. ¿Qué más se puede pedir?

## Bruma sobre el agua

En algunos sistemas de trabajo de intención, y también en la sanación por medio de la energía, crear ondas de armonía se asimila a dejar caer una piedra en las aguas tranquilas de un estanque. En el momento en que la piedra, la intención tradicional, cae en el estanque, se forman ondas, que van ampliándose y desplazándose a su alrededor en círculos concéntricos. Las ondas de energía luego vuelven a ti, es decir, al lugar donde cayó la piedra y perturbó la quietud del agua, trayendo consigo información sobre cómo tener éxito en tu mundo. Tener una Intención del QE se parece más a permitir que una etérea bruma se asiente con suma ligereza sobre las aguas quietas de la Eumoción Pura. No queremos perturbar esas aguas, sino permitir que sigan siendo un claro reflejo de la creación. No deseamos esforzarnos por imponerle a la creación nuestra voluntad limitada. Incluso pensar en ello es un disparate, y no hace sino crear la ilusión de tener el control, que rápidamente provoca deseos aún más fuertes y, en última instancia, un sufrimiento mayor. En lugar de eso, desde el silencioso punto donde tenemos la gran fortuna de encontrarnos, que es la superficie de las aguas absolutamente calmas del estanque de la Eumoción Pura, abrimos tiernamente nuestra conciencia a nuestra Intención del QE, y luego contemplamos cómo besa suavemente la superficie de la Eumoción Pura. Este es el momento mágico, la concepción impecable, en que toda la creación despierta a tu deseo.

Ya has hecho tu trabajo. En el nivel más precioso de la vida, tu deseo ya se ha colmado. Tus perniciosos deseos y emociones inquietantes se han disipado como la niebla fría al calor del sol. Ahora, con un sentimiento de lúdica expectación, solo tienes que esperar a ver en qué envoltorio llegará tu regalo.

## Puntos principales del capítulo 14

- ✧ En un momento u otro, todos luchamos contra las emociones negativas.
- ✧ Las emociones distorsionan o anulan nuestra capacidad de pensar de manera clara y palpable.
- ✧ Puedes tener una Intención del QE por el bienestar emocional de otra persona.
- ✧ Una vez que hayas terminado de tener una Intención del QE, sigue con tu vida como de costumbre, sin ninguna expectativa.
- ✧ La Intención del QE es como permitir que una etérea bruma se asiente sobre las aguas quietas de la Eumoción Pura. No queremos perturbarlas, sino dejar que sean un claro reflejo de la creación.

## Capítulo 15

# LA ENFERMEDAD CRÓNICA

*El sufrimiento es señal de que no estás en contacto con la verdad. Si sufres es que estás dormido. ¿Quieres una señal de que estás dormido? Esta es la señal: que sufres.*

ANTHONY DE MELLO

### LA EUMOCIÓN CURA

Las enfermedades crónicas, como su nombre indica, son de larga duración, requieren cuidados prolongados y sus probabilidades de curación son bastante escasas. A medida que nuestros cuerpos y nuestras mentes envejecen, disminuye nuestra capacidad de reparar espontáneamente los tejidos dañados, y el porcentaje de casos que se curan es menor. Aunque, por supuesto, las enfermedades crónicas no son exclusivas de la vejez, es entre la población de más edad donde abundan las dolencias de este tipo: artritis, enfermedades cardíacas, diabetes y, la más temida de todas, cáncer. El índice de mortalidad a causa de las afecciones crónicas es elevado incluso entre los jóvenes que las padecen. La enfermedad crónica supone una considerable carga para los miembros de una familia, para la comunidad e incluso para países enteros. Obviamente, la mayor carga es la que soporta el individuo que la sufre, y es él quien más se beneficiará de la Intención del QE.

Si no padeces una enfermedad crónica pero te gustaría ayudar a alguien que sí la sufre, la Intención del QE está hecha para ti. Voy a explicarte cómo hacerlo, cómo ayudar a un amigo, a un miembro de tu familia o incluso a un completo desconocido gracias a la Intención del QE.

### EXPERIENCIA: INTENCIÓN DEL QE PARA AYUDAR A QUIENES PADECEN UNA ENFERMEDAD CRÓNICA

*Realiza el QE de tres a cinco minutos, o hasta que te sientas lo suficientemente establecido en la Eumoción. Toma conciencia del individuo (tu compañero) y de cómo le afecta su enfermedad; hazlo como si estuvieras observándolo desde el otro lado de la habitación, como un simple observador de sus condiciones físicas externas. Si te sientes un poco emotivo, no te preocupes, pues el hecho de que te impliques personalmente no disminuirá la efectividad que tenga en tu compañero tu Intención del QE, que resultará además considerablemente sanadora para ti. No intentes ni sentirte emocionado ni librarte de la emoción. Si lo estás, reconócelo y continúa siendo consciente de los síntomas de tu compañero. Basta con que lo hagas unos segundos, de diez a quince como mucho, y luego deja que todo se disuelva en la Eumoción. Acuérdate de ser consciente de esta con total claridad y atención, y disfruta de sentir su fluidez durante más o menos un minuto.*

*Ahora, piensa un instante en tu compañero. Imagínalo como antes, con sus síntomas. Esta vez, toma conciencia de que su cuerpo, su mente y sus emociones rebosan de la dicha que emana de la Eumoción, de que cada uno de sus pensamientos y emociones está sumergido en la belleza de la Eumoción, de que cada átomo de cada molécula de cada célula de su cuerpo está vivamente imbuido de la armonía e influencia curativa de la Eumoción. Observa tu película mental con inocencia para ver cómo reacciona tu compañero. Hazlo durante aproximadamente un minuto y luego retorna a la Eumoción. Repite las tres fases del proceso una o dos veces más, observando los síntomas de tu compañero, tomando conciencia de la Eumoción, estando al tanto de cómo responde a estar inundado de ella, y luego regresa a la Eumoción. Termina tu sesión de Intención del QE realizando de tres a cinco minutos de QE.*

El poderío y la velocidad con que tiene efecto la Intención del QE en los pacientes crónicos son ni más ni menos que asombrosos. La Intención del QE siempre tiene efectos inmediatos; ahora bien, la rapidez con que puedan apreciarse los resultados en su sintomatología dependerá del tipo y gravedad de la dolencia, y también de la constitución de la persona que la sufre. Si eres capaz de obtener información sobre los niveles de azúcar en sangre, por ejemplo, o una lectura de la tensión arterial, podrás comprobar la mejoría de inmediato. Contempla también la posibilidad de que a tu compañero se le realice un examen médico para evaluar su grado de malestar físico y emocional antes y después de la experiencia con tu Intención del QE. En la mayoría de los casos, verás resultados drásticos al instante.

Atente con exactitud a la sencilla fórmula descrita hace un momento. El ego no desempeña ningún papel en la Intención del QE. No imagines a tu compañero curándose ni ya curado, pues ni lo uno ni lo otro ayudará a su restablecimiento. Tú no eres el sanador, y la Intención del QE tampoco lo es. La sanación provendrá de las fuerzas creativas que emanan de la sabiduría y compasión inherentes a la Eumoción. Que nuestros compañeros se curen o no realmente no depende de nosotros. Podemos tener el deseo y la intención de que sane, y así debería ser, pero el infinito número de posibilidades de expresarse que tiene el proceso de la enfermedad escapa a la comprensión de nuestras mentes limitadas, así que es mejor que respetemos el desempeño de las fuerzas de la naturaleza, que están muy por encima de nuestro control. Lleva a cabo la Intención del QE y luego disfruta de estar presente con tu compañero o sigue con tu vida laboral como de costumbre. Cuando sea el momento oportuno, la Madre Naturaleza te dará un golpecito en el hombro y te dejará echarle un vistazo a su obra.

### No se puede forzar el no apego

Tener una Intención del QE para una enfermedad crónica que se haya manifestado en tu cuerpo-mente exige una orientación ligeramente distinta que cuando la tenemos para otra persona. Como es fácil de imaginar, cuando trabajas contigo mismo tienes un interés particular en el resultado, y por lo tanto puedes estar más apegado a él. Ese apego está motivado por el miedo, de modo que se filtra a través de tu ego y, en consecuencia, su efectividad disminuye significativamente. Por tanto, el truco cuando tengas una Intención del QE para ti mismo es el desapego.

No se puede forzar el desapego. No puedes intentar estar desapegado de tu enfermedad ni de nada, realmente, puesto que intentar algo significa hacer un esfuerzo para alcanzar una meta, y una meta implica un camino; viene a decir que el lugar donde te encuentras no es lo bastante bueno y que deseas estar en un lugar mejor o, lo que es lo mismo, que quieres cambiar «lo que es». Y si la vida es perfecta tal como es, querer cambiarla significa rechazar la percepción de la perfección del presente.

Te oigo pensar con cierta dosis de incredulidad: «Por supuesto que quiero estar en un lugar diferente a donde estoy. Tengo una enfermedad crónica, y quiero librarme de ella». Lo que dices es obvio. El lugar donde estás no es donde quieres estar, y luchas por conseguir tu meta de estar libre de la enfermedad que padeces. Pero eso es precisamente lo que quiero hacerte ver. Se trata de un sutil, y por eso mismo potente, cambio de percepción que marcará la diferencia entre vivir una vida de plenitud o una vida de sufrimiento, independientemente de que sufras o no una enfermedad de riesgo.

Si padeces una enfermedad crónica, la cuestión principal no es la enfermedad en sí, sino tu percepción de ella. Si piensas que tu cuerpo y tu mente son propiedad tuya, cuando se ven amenazados de cualquier manera sientes que tu propia esencia está amenazada. El ego piensa que el cuerpo-mente es suyo y dedica ingentes cantidades de energía a intentar protegerlo, pues tiene la sensación de que, si el cuerpo-mente muere, él morirá también. Pero la Conciencia del Ser trasciende la conciencia del ego y sabe que la destrucción del cuerpo-mente no supone la destrucción del Ser, pues, como ya he dicho, la esencia del Ser es atemporal y escapa al alcance de la destrucción.

No quisiera sonar frívolo, pero los cuerpos vienen y van. Quienes han sufrido mucho suelen decir que hay cosas peores que la muerte. Lo peor que le puedes hacer a la vida es apegarte a la muerte. En el momento en que tu cuerpo nace, empieza a morir, luego apegarte al cuerpo significa apegarte a la muerte. Por mucho que el ego se empeñe en tenerlo todo bajo control, al final tu templo se vendrá abajo. Hay mucho que la enfermedad nos puede enseñar pero, en última instancia, solo hay una lección que vale la pena aprender, y es que no somos nuestro cuerpo-mente; somos amor, gracia y dicha ilimitadas, envueltos en el manto celestial de la Eumoción. ¿Qué se consigue con luchar contra una enfermedad salvo dejarse el alma en el proceso? De una cosa puedes estar seguro: a medida que vayas cumpliendo años, la enfermedad y los achaques irán haciendo mella en tu cuerpo-mente. Sí, es cierto que puedes hacerle pequeñas trampas a la muerte aquí y allá pero, al final, la banca siempre gana.

La cultura estadounidense, probablemente más que ninguna otra en este mundo, está excepcionalmente orientada hacia la juventud. Los occidentales en general tenemos lo que considero que es una actitud muy poco sana hacia la vejez y la muerte, y nos empeñamos con todas nuestras fuerzas en no pensar que un día nuestra vida se acabará. En muchas culturas, se reverencia a los ancianos por su sabiduría, y viven con sus familias hasta que mueren. Esto no ocurre en mi país.

Somos unos fanáticos de mantener un aspecto jovial y estamos dispuestos a tomar medidas drásticas para parecer más jóvenes de lo que somos. Hace unas décadas, apenas se oía hablar de la cirugía estética; hoy en día, es mucho más común, incluso en chicos que apenas han entrado en la adolescencia. Por supuesto que hemos de cuidar nuestro cuerpo y nuestra mente con los ejercicios físicos y mentales apropiados, una alimentación adecuada, tiempo abundante para estar solos y una interacción social enriquecedora, pero no deberíamos utilizar estas actividades como garrote con el que abatir a las serpientes del envejecimiento y la muerte en cuanto atisbamos que asoman la cabeza. Ni negar que tenemos miedo ni atacarlo con furia nos dará la paz mental que tan desesperadamente buscamos. Lo curioso es que ya disponemos de cuanto necesitamos para conseguirla. Cuando tenemos una Intención del QE, dejamos que nos confisque el campo de la muerte a cambio de la alegría de vivir sin límites.

### EXPERIENCIA: INTENCIÓN DEL QE PARA TU ENFERMEDAD CRÓNICA (EXPLORACIÓN QE DEL CUERPO-EMOCIÓN)

*Empieza por sentarte cómodamente con los ojos cerrados y haz de tres a cinco minutos de QE, o hasta que sientas la silenciosa quietud de la Eumoción. Ahora, hazte consciente de cualquier malestar o síntoma que tengas, incluso aunque no los atribuyas a tu enfermedad. Deja que tu* conciencia examine con naturalidad tu cuerpo. A medida que te vayas haciendo consciente de cada indicación de enfermedad que manifieste tu cuerpo, deja que tu conciencia se detenga en ella unos segundos antes de pasar al siguiente síntoma. Cuando hayas terminado de examinar así tu cuerpo entero, lo cual no debería llevarte más de uno o dos minutos, ten el impulso de retornar a la Eumoción.

Al cabo de un minuto más o menos de ser consciente de la Eumoción, ten el pensamiento de retornar al cuerpo. De nuevo préstales atención a las diferentes áreas del cuerpo y a los síntomas que se presenten en ellas, y fíjate en si se han desplazado o han aumentado o disminuido de intensidad, o incluso es posible que tomes conciencia de otros síntomas que no habían aparecido la primera vez; esto sería una indicación de que la curación ya ha empezado a actuar. Independientemente de cuál sea el síntoma, cuando tomes conciencia de él esta vez comprueba si hay alguna emoción asociada a él, y, si es así, obsérvala con naturalidad unos segundos y luego pasa al síntoma siguiente. Tanto el examen corporal como emocional deberían durar, como mucho, un minuto cada uno. Ahora vuelve a la quietud y paz de la Eumoción durante otro minuto aproximadamente.

Una vez más, deja que tu conciencia se dirija con naturalidad a tu cuerpo-mente, incluidas las emociones asociadas a él. Hazte consciente de tu cuerpo, de las emociones y los síntomas al mismo tiempo que lo eres de la Eumoción. Date cuenta de que todo pensamiento, sensación y emoción están sumergidos en la Eumoción; el síntoma y la emoción están presentes al mismo tiempo que esta. Fíjate en que cada átomo de cada molécula de cada célula de tu cuerpo *está vivamente imbuido de la armonía e influencia curativa de la Eumoción. No la dirijas hacia ningún lugar. Resístete al impulso de enviar la energía hacia cualquier área de enfermedad o malestar en concreto, pues la Eumoción se encargará de hacerlo con mucha mayor eficacia y rapidez que tú, con todas tus limitaciones. Disfruta de no hacer nada y de serlo todo durante uno o dos minutos, y retorna a los acogedores brazos de la Eumoción durante un minuto más o menos. Repite las tres fases de este proceso tres veces, o más si quieres. Acuérdate de separar cada fase —el examen corporal, el examen emocional y la conciencia de la Eumoción, y luego las tres simultáneamente— intercalando entre ellas aproximadamente un minuto de conciencia de la Eumoción Pura. Termina la sesión de Intención del QE con un período de tres a cinco minutos de QE.*

Si estás postrado en cama, quizá quieras descansar durante más tiempo con los ojos cerrados o incluso dormir un poco. Cuando estés enfermo, puedes realizar el QE y la Intención del QE tantas veces como quieras. Aunque ninguna de las dos son técnicas curativas, la Eumoción genera una inmensa y armoniosa energía de curación que inundará tu cuerpo-mente y le permitirá sanarse con mucha, muchísima mayor rapidez.

Tal vez te hayas dado cuenta de que en ningún momento de la Intención del QE dirigimos la energía; ni imaginamos que la curación tiene lugar ni intentamos controlar el proceso en modo alguno. No has de hacer nada más que desplazar tu conciencia de una percepción de la realidad relativa a otra. El único trabajo que implica la Intención del QE es, por tanto, tener el impulso de ser consciente, lo cual no puede decirse que suponga un verdadero esfuerzo. En esto reside precisamente el secreto de la asombrosa y potente efectividad de la Intención del QE.

## LA HISTORIA DE JEFFREY

Según te escribo, tengo un buen amigo que se está recuperando de un cáncer. Tiene poco más de cincuenta años, lleva una vida sana y activa, y es una persona encantadora. Un día, mientras navegaba con un amigo en un lago de los Alpes austriacos, empezó a experimentar lo que definió como «síntomas de gripe». Los síntomas empeoraron rápidamente y su amigo lo llevó al hospital, donde le hicieron todo tipo de pruebas. Al día siguiente le anunciaron que tenía un tumor maligno de diez centímetros en el pulmón, un linfoma muy agresivo en fase IV, y le instaron seriamente a que regresara a Estados Unidos para comenzar de inmediato un tratamiento. Yo estaba impartiendo un seminario en Alemania en aquellos momentos, y antes de salir hacia Estados Unidos, Jeffrey pasó por allí para ayudarme en el taller. Cuando le pregunté por qué no se había ido directamente a casa para empezar el tratamiento, me contestó:

—¿Qué mejor tratamiento podría tener que estar contigo y con cientos de personas más aprendiendo el proceso del QE?

En cuanto terminó el seminario, tomó un avión para volver a casa y se puso manos a la obra.

Ingresó en el hospital donde su hermana trabaja de enfermera. Hasta varios días después de ser internado, no se descubrió la gravedad auténtica de su enfermedad: el cáncer se había metastatizado por todo el cuerpo, incluido el cerebro. Desde que llegó, Jeffrey abandonó cualquier intento de interferir en el protocolo dictado por los médicos o de supervisarlo; por el contrario, todas las horas que pasaba despierto las dedicaba a jugar, como un niño, con la Eumoción. Al principio, las enfermeras estaban más que sorprendidas de la actitud de Jeffrey y de su falta de apego a la enfermedad que estaba destrozándole el cuerpo. Al cabo de los días se sorprendieron más aún de lo rápido que se estaba recuperando y empezaron a llamarlo su *sol* y su *obrador de milagros*. A pesar del dolor y del efecto insensibilizador que tenían los medicamentos sobre el cuerpo y la mente, a pesar de ver día tras día cómo su cuerpo se iba consumiendo ante sus ojos, Jeffrey mantuvo la conciencia de la Eumoción. Invitó a la compasión y la gracia de la Intención del QE a rejuvenecer y revivir su cuerpo-mente. Lo hizo sin expectativas de obtener ningún resultado. Su lema era: «La Eumoción primero, y todo lo demás después».

Escribo esto dos meses después de que a Jeffrey le diagnosticaran su enfermedad. Ha salido del hospital y sigue bajo tratamiento. Todavía no está fuera de peligro, aunque las últimas pruebas, entre ellas una punción lumbar, análisis de sangre e imágenes por resonancia magnética, muestren que no hay indicios de que el linfoma exista.

Con frecuencia, aunque no con la suficiente frecuencia, oímos hablar de personas que, contra todo pronóstico, se han curado de enfermedades auténticamente graves. Pero no es esto lo que quiero destacar aquí. Es posible que el cuerpo-mente de Jeffrey sucumba finalmente al cáncer; ahora bien, tanto si es así como si no, la esencia de Jeffrey, el verdadero

Jeffrey, no sucumbirá. La batalla por la vida eterna ya está ganada. Él ha trascendido la percepción de orientación al ego, inducida por el miedo, de que debe controlarse a sí mismo y controlar su entorno a fin de sobrevivir, a fin de acabar con el sufrimiento. Jeffrey ha demostrado que no hay ningún lugar adonde ir ni nada que hacer. La liberación respecto al sufrimiento llega con la conciencia de la Eumoción, y eso solo se puede experimentar aquí y ahora.

Quiero añadir algunas observaciones que hizo Jeffrey mientras pasaba por todo esto, ya que creo que pueden darte un enfoque más profundo de cómo percibe su mundo. Creo que te resultarán vivificantes, si no curativas.

### PERCEPCIONES DIRECTAS DE JEFFREY

⬥ La enfermedad es enormemente purificadora.

⬥ No es tan malo que a uno se lo lleven del mundo.

⬥ Nunca te encuentras solo; siempre están los tres títeres: yo, yo y siempre yo... y, por supuesto, la Eumoción.

⬥ A todo el mundo le encanta que le den las gracias, que lo valoren y lo quieran.

⬥ La mayor parte del tiempo, la sanación es muy divertida.

⬥ El buen veneno (la quimioterapia) a veces es dificilísimo de aceptar.

⬥ El cuerpo del que tanto dependo es un envoltorio de mi alma.

- ✧ Incluso cuando mi cuerpo se deteriora, mi espíritu no siente el dolor; solo siente tristeza por mi cuerpo, que sufre. La Eumoción es el centro de reposo de esa tristeza.
- ✧ El espejo puede dar miedo, con sus crueles reflejos. Menos mal que mi corazón sonríe.
- ✧ La persona a la que se le ocurrió la expresión «ser calvo es bello» debió de pasar por la quimioterapia.
- ✧ El helado es bueno.
- ✧ Las enfermeras conocen a todos los médicos y saben quiénes son los mejores. Sé amable con ellas.
- ✧ Ser una marioneta sostenida por cuerdas que son, cada una, un medicamento distinto hace que la vida sea interesante de observar, incluso a pesar de que maniobrar resulte mucho más difícil que de ordinario.
- ✧ Ir de pasajero en un coche, cuando normalmente eres el conductor, es una buena práctica para abandonar la necesidad de controlarlo todo…, si lo haces suficientes veces con malos conductores.
- ✧ El ego no puede protegerte tanto como quizá imagines. La Eumoción, la confianza, la entrega y el amor te pueden salvar.
- ✧ No necesitamos protegernos del miedo, pero sí de la gente que tiene miedo.

## Puntos principales del capítulo 15

- ✧ El poderío y la velocidad con que tiene efecto la Intención del QE en los pacientes crónicos son ni más ni menos que asombrosos. La rapidez depende del tipo y gravedad de la dolencia, y también de la constitución de la persona que la sufre.

✧ Ni tú ni la Intención del QE sois el sanador. La sanación proviene de la Eumoción.

✧ Que nuestro compañero se cure no depende de nosotros.

✧ Tener la Intención del QE para tu enfermedad crónica gira en torno al no apego.

✧ Tu enfermedad es perfecta tal como es. Negar eso significa negar la perfección del presente.

✧ El principal componente del sufrimiento no es tu enfermedad sino tu percepción de ella.

✧ Lo peor que le puedes hacer a la vida es apegarte a la muerte.

✧ Cuando tenemos una Intención del QE, dejamos que se nos confisque el campo de la muerte a cambio de la alegría de vivir sin límites.

✧ La liberación respecto al sufrimiento llega con la conciencia de la Eumoción.

# Capítulo 16

# RIQUEZA MATERIAL

*Es más rico quien se contenta con menos, pues el
contento es la opulencia de la naturaleza.*

SÓCRATES

### LA FELICIDAD ES RELATIVA; LA EUMOCIÓN, PERMANENTE

Cuando lo piensas, la verdad es que los seres humanos
necesitamos muy poco para sobrevivir, y no mucho más
para tener una vida cómoda. Pero ¿cuánta riqueza hace falta para hacernos felices? Podemos contestar a esta pregunta con otra: «¿Cómo de vacío se siente mi ego?». Nuestra
felicidad depende del estado relativo de nuestra situación.
Este año quizá te haga feliz ir por la mañana en bicicleta a
ese trabajo que tienes la suerte de haber encontrado. Al cabo
de unos años de prosperidad económica, tal vez te aburra ir
en un Mercedes. La felicidad siempre depende de circunstancias relativas, pero la necesidad de ser feliz tiene una sola

causa constante. El afán de lograr una felicidad mayor surge de la necesidad que tiene el ego de sentirse lleno, de reunirse con la Eumoción. La lucha por conseguir prosperidad material que llevamos a cabo en la conciencia común es la expresión exterior de la búsqueda interior de compleción que obsesiona al ego. En la Conciencia del Ser, no luchamos por conseguir riquezas ni dependemos de ellas para ser felices. Paradójicamente, sin embargo, suelen llegarles grandes riquezas a quienes viven en consonancia con la expresión de la Eumoción.

Cuando eres consciente de la Eumoción, no tienes necesidad de ser feliz, puesto que ya vives en paz con el mundo. Naturalmente, harás cosas que te hagan sentirte feliz, pero no precisas la felicidad para sentirte pleno; la felicidad no será ni la motivación ni la meta de lo que hagas. Quienes viven en la Conciencia del Ser y no amasan grandes riquezas no las necesitan. Dicho esto, hay una colosal abundancia en este mundo, y no cabe duda de que es divertido participar de ella. Siempre tenemos un sentimiento de gratitud y admiración cuando recibimos un regalo que nos llega a través de la Eumoción; sentimos que existe una alegre picardía desarrollándose entre bastidores. No tienes la sensación de que te hayas ganado el regalo, sino de que se te ha dado por la pura alegría de dártelo. Cuando eres consciente de quién es el dador, no te apegas al regalo, y lo mismo puedes entregárselo a otro que quedártelo para ti.

La primera regla para amasar riqueza interior o exterior es: «Antes de cualquier otra cosa, tener conciencia de la Eumoción». Una vez que hayas dado el primer paso, habrás adquirido el mayor tesoro que puede conocer un ser humano:

la Conciencia del Ser. Establecido en la sede del Ser, todas las acciones que lleves a cabo honrarán y favorecerán a tu Ser y, desde ese momento en adelante, el mundo será tu patio de recreo. Tener una Intención del QE para disfrutar de abundancia elimina el miedo, la ansiedad y la desesperación que muchos sienten cuando desean algo intensamente. Tener una Intención del QE es divertido; se hace con una sensación de alegre desapego.

Cuando tengas una Intención del QE para obtener más riqueza material, trabajarás en dos niveles: aplacando las emociones asociadas al deseo y manifestando la condición material. Las emociones que estén asociadas al objeto o la situación se disolverán de inmediato en la quietud absoluta. Hay toda una amplia gama de tiburones emocionales que nadan en torno a una preocupación económica, y que tal vez tú reconozcas como miedo, frustración, ira y confusión. Unos minutos después de tener una Intención del QE, estas emociones, así como su influencia negativa, mermarán significativamente o desaparecerán del todo. Entonces, libre del hostigamiento emocional, podrás sentarte cómodamente a esperar a que tu deseo se cumpla.

### EXPERIENCIA: LA INTENCIÓN DEL QE PARA CONSEGUIR RIQUEZA MATERIAL

*Encuentra un lugar cómodo donde nada vaya a molestarte durante diez o quince minutos. Cierra los ojos y haz el proceso del QE de tres a cinco minutos o hasta que sientas la silenciosa presencia de la Eumoción. Deja que tu mente se* dirija a tu deseo de gozar de mayor riqueza. Estate atento, entre cinco y diez segundos, a lo que tu mente te muestre sobre lo que quieres: el cumplimiento de ese deseo. Si tienes emociones negativas asociadas a este deseo de abundancia material, identifícalas. Deja que crezcan y se intensifiquen en tu mente y evalúalas en una escala del 0 al 10, en la cual el 10 sea el grado insoportable.

Permite que tu mente regrese con suavidad a la Eumoción durante un minuto más o menos. Después, ten el impulso de regresar a tu deseo de prosperidad material. Durante el minuto siguiente, deja que tu mente proyecte la película de lo que quieres. Puede que automáticamente te muestre la película de lo que sería haber conseguido realmente tu deseo; si es así, ve la película y asegúrate de no interferir en el guion. La Eumoción está reorganizándolo todo, eliminando los impedimentos para la plena realización de tu deseo. Al cabo de aproximadamente un minuto, regresa a la Eumoción.

Repite de tres a cinco veces el proceso de volver a tu deseo, asegurándote de separar cada episodio con la conciencia de la Eumoción. Si has tenido emociones negativas e hiciste la prueba previa antes de la sesión de Intención del QE, ahora es el momento de llevar a cabo la prueba posterior. Haz exactamente lo mismo que hiciste al principio de la sesión, y evalúa la intensidad de tus emociones en una escala del 0 al 10. Incluso en los casos más desesperados, apreciaremos una disipación de las emociones negativas considerable e inmediata. Muchas veces, las emociones negativas que rodean a las preocupaciones económicas resultan mucho más devastadoras que la situación en sí; por lo tanto, aunque *lo único que consiguiéramos fuera eliminar las emociones, eso, por sí mismo, haría que hubiera valido la pena pagar el dinero que pagaste por este libro. Cuida de tomarte el tiempo de transición suficiente entre este estado de quietud y las actividades habituales; abre y cierra los ojos y estírate antes de levantarte de la silla.*

## La vida es una búsqueda de huevos de Pascua

¿Qué debes hacer ahora para lograr tu deseo de prosperidad material? ¡Absolutamente nada! Quizá sea esta la parte más difícil para la mente que está bajo el control de la conciencia común y que pensará que es necesario hacer algo para que todo funcione. Si es tu caso, realiza el QE y lleva a tu mente de la conciencia común a la Conciencia del Ser. Entonces ya no sentirás la necesidad de hacer nada ni de supervisar si todo funciona como debiera; tendrás una paciencia infinita, y tu paciencia se verá recompensada.

Se está atendiendo a todo detalladamente en el nivel más sublime y poderoso de la creación, así que no hay mucho que tú puedas hacer para ayudar. Ahora bien, eso tampoco significa que te quedes inmóvil sentado en una silla el día entero. A partir de este momento, tienes que estar abierto a las oportunidades cuando se presenten. Remueve un poco el puchero. Considera lo que está ocurriendo como una búsqueda de infinitos huevos de Pascua que la Madre Naturaleza ha escondido para que tú los encuentres. Cada uno de ellos representa la plena satisfacción de tu deseo, de modo que basta con que encuentres uno. Estate atento a toda interacción, persona o situación de tu vida como si fueran el arbusto o la roca que podría estar ocultando el huevo de Pascua.

Búscalo con el sentimiento de que es auténticamente un juego. Disfruta buscándolo. Entretanto, asegúrate de que sigues realizando una sesión de Intención del QE dos o tres veces al día. ¡Qué disfrutes de la búsqueda!

EXPERIENCIA: AYUDAR A QUE OTROS
OBTENGAN RIQUEZA MATERIAL

La mejor manera de recibir es dando. Incluso si vives sumido en la pobreza, sentirás inspiración inmediata cuando tengas una Intención del QE para ayudar a otro a conseguir riqueza material. Puedes proceder así:

*Encuentra un lugar cómodo donde nada vaya a molestarte durante diez o quince minutos. Cierra los ojos y haz el proceso del QE de tres a cinco minutos, o hasta que sientas la silenciosa presencia de la Eumoción. Deja que tu mente se dirija a tu compañero, a la persona a la que quieres ayudar. Durante cinco o diez segundos piensa tranquilamente en cómo interpretas su problema. Si es una persona que sufre, identifica sus emociones negativas tal como tú las percibes. Traslada suavemente tu conciencia de esos pensamientos a la Eumoción. Disfruta de la plenitud de esta durante alrededor de un minuto y luego deja que tus pensamientos vuelvan a tu compañero. Al ir proyectándose tu película mental, observa a tu compañero para ver si es más consciente de sus emociones y de su postura física. Reaccione como reaccione, mientras lo observas tranquila y atentamente toma conciencia de la Eumoción.*

*Luego, como un gato atento al agujero de un ratón, continúa siendo consciente de su cuerpo, de sus emociones y de la Eumoción. La quietud, la paz o la dicha que sientes está igualmente viva en la otra persona. Observa la Eumoción en tu compañero durante un minuto más o menos, y retorna a la percepción de la Eumoción en ti mismo.*

Alterna la percepción de tu compañero y la Eumoción de tres a cinco veces antes de finalizar la sesión de Intención del QE. No hay necesidad de que visualices a esa persona consiguiendo su deseo. Cuando tienes una Intención del QE para ella, está implícita la llegada de una mayor afluencia material. Tú le has proporcionado la base sobre la que eso sucederá, pero el modo en que tenga lugar no es asunto tuyo. Sentirás una intensa satisfacción interior cuando tengas una Intención del QE para hacer realidad la riqueza material de los demás, y el trabajo que hayas dedicado a mejorar tu situación económica también se beneficiará de ello, por lo que es una buena costumbre que empieces a echarle una mano a un amigo o dos cada día. Créeme, estarás encantado con lo que por tu parte recibas.

## Puntos principales del capítulo 16

- ✧ Nuestra felicidad depende del estado relativo de nuestra situación.
- ✧ Cuando eres consciente de la Eumoción, no tienes la necesidad de ser feliz.

✧ La Intención del QE se ocupa de las dos partes que integran la situación que se quiere mejorar: la situación económica en sí y la emoción negativa asociada a ella.

✧ Después de tener una Intención del QE, busca las oportunidades de satisfacer tu deseo.

✧ Tener una Intención del QE para ayudar a los demás a conseguir prosperidad material te ayudará también a ti.

Capítulo **17**

# CÓMO SOLUCIONAR
# LOS PROBLEMAS

*La creatividad da un salto; luego mira a*
*su alrededor para ver dónde está.*

Mason Cooley

## En la naturaleza no hay problemas

La naturaleza no tiene problemas. Los problemas son un fenómeno creado por el ser humano y surgen por la necesidad que tiene este de imponer orden en su entorno. Para la mente humana, un entorno ordenado es aquel que se puede controlar. Se trata de un orden relativo, y por tanto el grado de desorden depende de la perspectiva del observador, y esta a su vez depende de su percepción de la armonía. Si ves el mundo como una serie de pensamientos y objetos, algunos de los cuales están relacionados entre sí y otros no, lo que estás viviendo es la confusión de la conciencia común. Si, por el contrario, sientes que todo está bien tal como es, lo que experimentas es la Conciencia del Ser.

# *la* Eumoción

En su nivel más básico, la Eumoción tiene una sola parte móvil. Es imposible estar en mucha más armonía que eso, puesto que una sola parte no puede luchar consigo misma; hacen falta dos para engendrar ese fenómeno. Cuando la Eumoción se escinde en los infinitos fragmentos de la creación, la mente humana no puede seguir el rastro de todo ese material. Excepto en el sentido más limitado, la causa y el efecto escapan a nuestra comprensión. Lo intentamos, pero sencillamente no somos capaces de saberlo todo; y es aquí donde nacen los problemas..., o debería decir la ilusión de desarmonía a la que llamamos problema.

No tenemos ninguna posibilidad de conocer qué resultado tendrá ni uno solo de nuestros pensamientos o acciones, pero intentamos saberlo, y es de eso de lo que hemos de soltarnos. No me refiero a que debamos decir conscientemente algo del estilo de: «De acuerdo, Frank, respira hondo y suéltate». No podemos soltarnos conscientemente. El esfuerzo consciente sigue siendo un esfuerzo, y ¿cómo se puede uno esforzar en dejar de esforzarse? De lo que hablo es más de aceptar «lo que es» que de un acto manifiesto de soltarse. No podemos aceptar o creer que todo saldrá bien mientras vemos que constantemente nuestras acciones se quedan cortas, que difícilmente logran su objetivo. Podemos intentar convencernos a nosotros mismos de que lo tenemos todo bajo control, pero eso es simplemente poner una ilusión encima de otra, y para mantener tal creencia, hay que invertir gran cantidad de tiempo y de energía.

La aceptación, en cambio, llega de un modo natural cuando sabemos que es nuestro Ser interior, ilimitado, el que está al mando. Ese *saber* no es una comprensión intelectual, sino la profunda intuición de que la perfección impregna todas las formas. Se trata de una percepción directa que nace automáticamente de la dicha, la beatitud y el amor que eres, que es la Eumoción. Todos los problemas tienen sus raíces en la percepción del mundo desde el punto de vista del ego, inducida por el miedo, que es propia de la conciencia común. Y adivina qué: no se puede arreglar la conciencia común con la propia conciencia común; sería como reemplazar una pieza estropeada del motor de un coche por otra pieza estropeada distinta. Es posible que el motor funcione, de otra manera, pero seguirá deteriorado. Afortunadamente, la conciencia común tiene fácil remedio. Ya sabes qué hacer: QE, que se ocupa del principal problema que se nos presenta a la hora de solucionar nuestros problemas. Pero ¿cómo vamos a resolver cada uno de esos misterios y situaciones desconcertantes que se nos presentan a diario? Por ejemplo, ¿de dónde sacamos tiempo para unas vacaciones cuando ya hemos agotado los días de los que disponíamos?, ¿cómo lo hacemos para llevar a nuestros tres hijos a sus actividades respectivas que tienen lugar en tres partes distintas de la ciudad al mismo tiempo?, ¿cómo terminamos una relación creando el menor daño posible? Bueno, esto también sabes cómo hacerlo: la Intención del QE; la Intención del QE con un toque especial.

### EXPERIENCIA: CÓMO RESOLVER PROBLEMAS CON LA INTENCIÓN DEL QE

*Encuentra un lugar cómodo donde nada vaya a molestarte durante diez o quince minutos. Cierra los ojos y realiza el proceso del QE de tres a cinco minutos, o hasta que sientas la silenciosa plenitud de la Eumoción. Deja que tu mente se dirija con suavidad a tu problema. Tómate el tiempo necesario para repasar cada uno de sus aspectos. No intentes resolverlo; esto es muy importante. Sé simplemente el perfecto observador del problema tal como tu mente te lo presenta. Observa con tranquilidad cualquier emoción asociada a él; obsérvalas con atento desinterés a medida que disminuyen y desaparecen. Sigue permitiendo que tu mente vague por los diversos aspectos del problema de uno a tres minutos y luego, con naturalidad, hazte consciente de la Eumoción.*

*Cuando hayas estado con ella alrededor de un minuto, regresa para recoger los hilos mentales de la película de tu problema. Deja que los pensamientos acerca de él se desarrollen mientras tú eres el espectador, lleno de interés. No tengas prisa y no busques una solución; sé solo muy consciente de la película que se proyecta en la pantalla de tu mente. Hazlo entre uno y tres minutos y a continuación retorna a la Eumoción durante otro minuto. Repite este ciclo de tres a cinco veces y, cuando termines, abre los ojos y tómate un tiempo para poder hacer una transición suave a tus actividades. O, si no tienes prisa, quédate sentado en la silla y permítete soñar despierto tanto como te resulte natural.*

Siempre se ha dicho que las soluciones llegan cuando no se buscan. Tal vez te venga la respuesta por la noche, cuando estés a punto de quedarte dormido, o te esté esperando cuando te despiertes por la mañana. También es posible que surja de pronto en tu mente en cualquier otro momento del día, por lo general mientras realizas alguna actividad que exija poca concentración, como lavar los platos o conducir. Concédete mucho espacio, y no te estreses buscando la respuesta. Puedes hacer varias sesiones de resolución de problemas con la Intención del QE a lo largo del día. Los momentos mejores son a primera hora de la mañana o por la noche, justo antes de irte a dormir, pero cualquier otro momento del día servirá igualmente.

## PUNTOS PRINCIPALES DEL CAPÍTULO 17

⬥ En la naturaleza no hay problemas; los problemas son obra del ser humano.

⬥ En esencia, los problemas son puramente ilusorios.

⬥ No te puedes esforzar en no esforzarte.

⬥ No se puede arreglar la conciencia común con la propia conciencia común.

⬥ Para arreglar la conciencia común, expándela hasta que se diluya en la Conciencia del Ser

⬥ Siempre se ha dicho que las soluciones llegan cuando no se buscan.

Capítulo 18

# ¿QUIERES SALVAR TU MUNDO?

*Para inventar el futuro hay que ceder el control.*

GEORGE LAND

## EL SER HUMANO SE HA ENAJENADO DE SU NATURALEZA

La casa desde la que empiezo a escribirte esta tarde está en Kirchzarten, Alemania, en medio de un valle muy verde que se extiende paralelo al borde de la Selva Negra y donde los rayos del sol proyectan caprichosos juegos de luces y sombras al filtrarse entre los árboles. Me maravilla esta casa. Se construyó hace unos doscientos cincuenta años, más o menos al mismo tiempo que mis antepasados norteamericanos, los «gigantes» originales, se preparaban la mayor taza de té del mundo en el puerto de Boston y hacían correrías nocturnas para anunciar la llegada de visitantes inoportunos. Tiene dos pisos y, aunque según los estándares actuales se la consideraría pequeña, en su día debió de ser motivo de no poco orgullo en esta comunidad agrícola cristiana. Pero su característica más llamativa es la altura de los techos y de los marcos de las puertas. A pesar de que tengo una estatura media, he de agachar la cabeza, si no con reverencia sí por precaución, al pasar de una habitación a otra y, una vez dentro, seguir mirando hacia arriba, atento a las vigas, cuyas astillas podrían dejar un sello inolvidable en el cuero cabelludo de un ocupante menos precavido, venganza de un roble talado hace dos siglos y medio.

Esta mañana, sentado en la terraza de una cafetería, mientras tomaba un capuchino en una taza de porcelana blanca, me maravillaba de los cuerpos robustos y erguidos de los alemanes. Lo que he visto me dice que los alemanes de hoy en día son entre diez y veinte centímetros más altos que yo, y eso significa que son casi gigantes si los comparamos con sus antepasados, más próximos a los *hobbit*.

Mientras me tomaba el café, me preguntaba si conocerían el capuchino en aquellos tiempos. Mi mente empezó a vagar por las calles del Kirchzarten antiguo. Imaginaba una época más tranquila, menos ajetreada, más personal, una vida ciertamente más dura en cuanto a trabajo físico, pero más benévola con la mente; con menos desorden, más espacio para que la mente se tomara un tiempo antes de pasar de una actividad a otra, como una mariposa y no como una bala.

Atendiendo a los criterios de nuestra época, Kirchzarten es un pueblo tranquilo aunque moderno, con agua y aire relativamente puros; un buen sitio para restablecerse de la endémica epidemia de progreso que nos asfixia en Nueva York, Tokio o Frankfurt. Pero solo en sentido relativo es

Kirchzarten el sosegado *ojo del huracán*, pues si el constructor de la casa apareciera de repente aquí a mi lado en la actual plaza del pueblo, serían una auténtica agresión para sus sentidos el estruendo de los coches que pasan y el olor pestilente que expelen los tubos de escape, el vivo colorido de los atuendos ajustados que desfilan por las aceras o surcan el aire veloces sobre el sillín de una bicicleta que chirría calle abajo, los letreros luminosos, las máquinas expendedoras de refrigerios sintéticos y los adolescentes tatuados que teclean mensajes de texto haciendo uso de una tecnología con la que ni doscientos años después de nacer él hubiera podido soñar siquiera ningún habitante de Kirchzarten. ¿Te imaginas lo que sentiría si, montado en un avión, sobrevolara una de las grandes metrópolis y viera desde el aire los ríos de automóviles y los mares de gente entrando y saliendo en oleadas de edificios cien veces más altos que la casa que él construyó? ¿Le parecería que todo eso era progreso?

Empecé a preguntarme cómo ha llegado la mente humana, el niño nacido de la naturaleza y sustentado por ella, a enajenarse tan absolutamente de su madre. Incluso hace cien años, el ser humano y la naturaleza todavía eran amigos. Estoy convencido de que entre los sueños y aspiraciones de nuestros antepasados no estaba vivir a velocidad vertiginosa ocupados ciega e irreflexivamente en un sinfín de actividades con las que contaminar nuestro planeta hasta el punto de la extinción.

## LOS TRASCENDEDORES

En toda sociedad hay un número reducido de individuos que reflejan una extraordinaria armonía interior. No responden a ningún patrón en particular; llegan en todas las formas y tamaños, y a veces es imposible distinguirlos del resto de nosotros. En un ensayo titulado *Teoría Z*, Abraham Maslow, psicólogo del siglo xx que estudió a la gente sana, dio a estos individuos el nombre de *trascendedores*. Los trascendedores no viven en lucha consigo mismos; han integrado conscientemente el caos del mundo exterior con la coherencia interior que refleja armonía y dicha en el vivir diario. Maslow describe a estas personas como seres admirados por la belleza, incluso de lo más mundano, seres que perciben «la cualidad sagrada de lo cotidiano». Sus motivaciones intrínsecas son la verdad, la belleza y la justicia, no el miedo, la codicia y la necesidad de manipular que hasta tal punto se han extendido en el mundo actual. Los trascendedores tienen conciencia de una especie de *unidad* íntima, y la expresan en su vida cotidiana. Ellos son los que de modo natural viven la Eumoción. Su percepción consciente es pura y espaciosa. Ven el mundo con los ojos limpios del renacer constante y son, por tanto, seres innovadores que aportan una visión nueva de los viejos dilemas. Cualquier trascendedor podría sentarse y, en quince minutos, esbozar una solución viable para el desasosiego mundial. Ven el panorama completo y ayudan a los demás a colocar las piezas donde son más necesarias. En pocas palabras, los trascendedores son la esperanza de la raza humana. Son los portadores de la antorcha que iluminarán el camino hacia la armonía interior y exterior.

Y si los trascendedores, con su antorcha, son los salvadores de la humanidad, ¿por qué no están haciendo su trabajo, por qué seguimos zozobrando en este mar de separación? Bueno, no es tarea fácil salvar el mundo. La sencilla verdad es que no hay suficientes trascendedores para llevar a cabo un trabajo de tal envergadura. Dicho de otro modo, necesitan nuestra ayuda, y sobre esto precisamente trata este libro. No es que vayamos a ayudar a los trascendedores; vamos a ser trascendedores.

En estas páginas has aprendido el proceso del QE, cómo vivir con la Conciencia del Ser y cómo tener una Intención del QE. Has experimentado tú mismo la velocidad, la sencillez y el delicado poder que siguen a la conciencia de la Eumoción. Ahora cuentas con las herramientas necesarias para satisfacer todos y cada uno de tus deseos al tiempo que, sin esfuerzo alguno, incrementas la armonía y la paz de nuestro mundo. Tú, como los trascendedores de los que habla Maslow, eres ahora el portador de la antorcha capaz de disipar las sombras de la desarmonía dentro y fuera de ti. Ahora que conoces el sutil secreto de la Eumoción, nadie puede arrebatártelo.

Las ciudades y naciones, las organizaciones políticas, las religiones, las corporaciones y las universidades están todas compuestas por individuos y son el reflejo del pensamiento colectivo de dichos individuos. En todos los niveles de la existencia humana colectiva hay conflicto. Por muy bienintencionada que sea la motivación inicial —salvar a las ballenas, la renovación urbana o incluso la paz mundial—, sin duda provocará uno u otro tipo de oposición, puesto que el conflicto que se produce entre grupos o entre individuos es reflejo directo del conflicto que reina dentro del individuo. Ningún plan para la paz, por muy loable que sea la organización que lo elabore, puede garantizar la paz mundial. Esta se hará realidad solo cuando los individuos de ese mundo estén en paz consigo mismos. Todo el trabajo que se realiza en nombre de la paz mundial empieza con esperanza y acaba diluyéndose en la desilusión. No es que el problema en sí sea tan enorme ni tan complicado, sino que nuestros esfuerzos nos han llevado en la dirección contraria a aquella que nos habría conducido al éxito. La solución a la desarmonía del mundo no solo puede encontrarse, sino que además es sencilla, apasionante y divertida. Tenemos todo lo que necesitamos para establecer la paz en nuestro planeta aquí y ahora, dentro de todos y cada uno de nosotros. Voy a explicarte a qué me refiero.

## LA PAZ ES AHORA

Un fenómeno científico llamado «efecto $n^2$» hace que la paz verdadera a escala global sea una meta realista. Cuando la raíz cuadrada del uno por ciento de la población es coherente, se crea una fase de transición dentro de esa población, lo cual tiene como resultado una coherencia completa. Es decir, si tenemos un número de fotones, por ejemplo, y la raíz cuadrada del uno por ciento de esos fotones vibran a la misma frecuencia, tendrán una influencia armonizadora sobre el resto de los fotones discordantes. La raíz cuadrada del uno por ciento de los fotones de una luz incandescente puede hacer que los fotones disonantes vibren a la misma frecuencia, creando más armonía, unidad de acción y energía. Esto es a lo que llamamos rayo láser. Y lo mismo puede aplicarse a los seres humanos. Cuando la raíz cuadrada del uno por ciento de la población mundial marche al mismo paso, conseguirá que todos los demás seres humanos del planeta se muevan al compás del mismo tambor.

Un trascendedor, alguien que viva en la Conciencia del Ser y haya dejado atrás la conciencia común, tiene una poderosa influencia armonizadora sobre su entorno. Pero, además, cada vez que dos o más trascendedores se unen, su influencia se eleva al cuadrado, lo cual significa que, cuando dos personas que viven en la Conciencia del Ser están juntas, tienen la fuerza armonizadora de cuatro personas que vivan en la Conciencia del Ser; cuatro personas con Consciencia del Ser unidas tienen la influencia organizativa de dieciséis; dieciséis tendrán la equivalente a doscientas cincuenta y seis personas, doscientas cincuenta y seis la equivalente a más de sesenta y cinco mil, y así sucesivamente. Este es un fenómeno que queda vivamente demostrado en los talleres de QE, cuando cientos de personas experimentan la Conciencia del Ser durante todo un fin de semana. Es una ventana al futuro de la humanidad..., si somos capaces de arrancar, claro está, si somos capaces de inspirar a suficientes individuos a que empiecen a ser habitantes-trascendedores de este mundo de exquisita riqueza que nuestra Tierra nos ofrece.

Debido al efecto $n^2$ que tienen sobre su entorno las personas que viven en la Conciencia del Ser, solo hace falta la raíz cuadrada del uno por ciento de la población para crear una fase de transición. Es decir, que ese número de personas influirá positivamente en la forma de vida del resto de los habitantes de una determinada ciudad aunque estos no sean conscientes de que haya ningún trascendedor entre ellos. Y ese es un número muy pequeño. El uno por ciento de una ciudad de un millón de habitantes es mil personas, y la raíz cuadrada de mil es ¡treinta y dos personas! Solo harían falta treinta y dos personas que vivieran en la Conciencia del Ser para que se creara un efecto inspirador, armonizador y sanador en una ciudad de un millón de habitantes.

Los practicantes de meditación trascendental pusieron a prueba este principio en las décadas de 1960 y 1970, comparando los índices de criminalidad que reflejaban las estadísticas del FBI y que descendió una media de un veinticuatro por ciento en veintidós grandes ciudades de Estados Unidos cuando el número de meditadores-trascendedores igualó la raíz cuadrada del uno por ciento de la población de dichas ciudades. Si queremos crear inmediatamente una vida más sana, más cuerda, más productiva y más cordial para todos los habitantes de Estados Unidos, bastará con que haya mil setecientos sesenta trascendedores como tú que vivan en la Eumoción. Y para que la paz y la prosperidad se extiendan al mundo entero, ¡necesitaremos que poco más de ocho mil personas vivan en la Conciencia del Ser!

Lo mejor de todo es que no necesitas preocuparte por la paz mundial; ni siquiera tienes que creer que es posible. Si lo deseas, puedes vivir todo lo que has aprendido sobre el QE centrándote en ti mismo —o, más exactamente, en tu Ser—, y todos nos beneficiaremos igual; o puedes vivir en la Consciencia del Ser en una cueva, y el resto de nosotros, limaduras humanas, empezaremos a organizarnos alrededor de tu coherencia. Es simple mecánica cuántica. Estamos hechos para operar precisamente de esa manera.

Por eso he escrito este libro. Nuestro interés se centra no en la paz del mundo, sino en la paz del individuo; eso hace de la paz mundial una cuestión personal. No es necesario que nos afiliemos a ningún grupo, que redactemos documentos ni alberguemos la esperanza ni la creencia de que algún día la paz global será una realidad. Lo único que tenemos que hacer es encontrar paz en nuestro interior, y esa paz se irradiará de modo natural a cuanto nos rodea, que se rendirá a su influencia. Incluso si antes has intentado estar en paz y no lo has conseguido, no tienes por qué preocuparte; esta es una tecnología nueva fundamentada en principios tan antiguos como la conciencia misma. El QE y la Intención del QE funcionan cuando nosotros dejamos de funcionar, cuando nos quedamos quietos en la conciencia pura de la Eumoción. La conciencia de la Eumoción es sublime; es el derecho natural de todos los seres humanos de esta Tierra, y se está abriendo camino hasta los corazones y la armonía de toda la humanidad. Tiene un nombre extraño, pero practicarla es algo tan nuestro como el latir rítmico del corazón. La Eumoción es una luz cálida y acogedora, cuyo resplandor suave y atrayente es garantía de la seguridad y el bienestar que te esperan en tu interior. Reunido con tu Ser, lanzas un gran suspiro mientras el manto de las preocupaciones del mundo se te cae suavemente de los hombros. Eres libre. Bienvenido a casa.

# TÉCNICA DE TRIANGULACIÓN DEL QUANTUM ENTRAINMENT

Curar con el Quantum Entrainment es en realidad comprender que tú no estás curando. No creas energía positiva para superar la negativa. No estás invocando otras fuerzas o fórmulas para ganar la partida. Estás simplemente creando una atmósfera en la que sea posible la sanación. El QE aprovecha el campo, a falta de una palabra mejor, del orden perfecto. A partir de ahí, uno no hace nada y todo se hace por sí mismo.

Como es necesario usar las palabras, hablaré en términos de que tú «curas» o de que yo «curé», pero no es exacto. Al llevar a cabo los preparativos para crear un suceso curativo, debemos adoptar el ángulo correcto de entrada a fin de tener éxito. Para mí, decir que nosotros no llevamos a cabo la curación no es una pose ni una filosofía. Es simplemente un hecho basado en la observación. Esa presencia sanadora no es una fuerza extraña que está más allá de ti, sino tu propia esencia, conciencia pura reflejada a través de la Eumoción. Nada más y nada menos.

Te asombrarás ante la fuerza que contiene tu conciencia. Pero has de saber que tú no posees esa fuerza. Tú eres esa fuerza. No tardarás en experimentarla en primera persona. Te deslizarás más allá de las barreras que has levantado con tanta meticulosidad a lo largo de las últimas décadas para definir a tu pequeño yo. Esas barreras han confinado tu conciencia a pensamientos y elementos que han servido para reforzar tu concepto de «yo». La primera vez que experimentes el Quantum Entrainment, todo eso quedará de lado.

Ahora pongamos manos a la obra y preparémonos para crear un suceso curativo. Empecemos con un caso sencillo: digamos que un amigo te ha pedido que le ayudes a mitigar un dolor que siente en el hombro izquierdo y cierta tensión muscular en la región dorsal y en el cuello. Con el QE no es necesario conocer la causa de ese estado. La curación tendrá lugar automáticamente a nivel causal. Como iniciador del Quantum Entrainment, te basta con saber qué es lo que se desea. Obviamente, tu compañero desea aliviar el dolor del hombro y la tensión muscular. Eso es lo que trasluce y esa es también tu intención. Esa es la única información que necesitas.

## LISTO PARA CURAR

Antes de empezar, has de hacer que tu compañero mueva el hombro de manera que sienta el dolor que quiere eliminar. Haz que te muestre cómo queda disminuida su capacidad de movimiento y cualquier otra evidencia que demuestre que el cuerpo se ve afectado por esa circunstancia. Luego haz que evalúe la gravedad de su problema en una escala del 1 al 10, en la que 10 es «insoportable», y apunta ese número. Acostúmbrate a realizar una comprobación a priori y otra a posteriori. Eso te proporcionará una información muy valiosa, sobre todo al principio, mientras te acostumbras al proceso del QE. Si eres médico, utiliza las mismas pruebas y análisis que usarías en un tratamiento tradicional. Por ejemplo, un quiropráctico podría emplear exámenes ortopédicos y neurológicos, de palpación o incluso placas de rayos X para identificar objetivamente el problema y determinar la mejoría.

Tómate unos segundos para formarte la intención con claridad en la mente. En este caso utilizaremos la intención «estar libre del dolor en el hombro izquierdo y la tensión en la región dorsal y en el cuello». Basta con que seas consciente de la intención una sola vez, pues la conciencia pura no es sorda ni tonta. Sabrá lo que deseas mejor que tú. La conciencia pura sabrá qué hacer y cuándo hacerlo, de eso puedes estar seguro. Ahora estás listo para empezar.

## Triangulación: el proceso del QE en tres pasos

En el hombro, zona superior de la espalda o cuello del compañero, debería ser fácil descubrir un músculo que está rígido o resulta doloroso al contacto. Coloca el extremo del dedo índice de una de tus manos (contacto A) sobre el músculo rígido. Aprieta con firmeza para comprobar lo duro o tenso que está dicho músculo. Luego relaja y suelta el dedo, dejándolo reposar ligeramente sobre el músculo rígido. A continuación, elige cualquier otro músculo, que no debe ponerse rígido ni doler al contacto, y pon en él con suavidad el dedo índice de tu otra mano (contacto B).

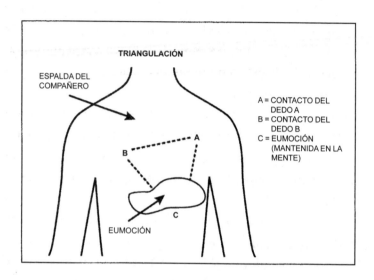

### TÉCNICA DE TRIANGULACIÓN DE LA CURACIÓN QE

*Primer paso:* concentra toda tu atención en el primer dedo (contacto A) y hazte muy consciente de lo que sientes. Tómate el tiempo necesario para notar el calor de este músculo en la yema del dedo, así como la textura de la piel o la ropa, la rigidez del músculo, etcétera. Sé consciente de cuanto puedas allí donde entren en contacto el dedo y el músculo. Haz esto de diez a quince segundos.

*Segundo paso:* sé muy consciente de la yema del segundo dedo (contacto B), igual que hiciste con el primero. A continuación, préstale atención a lo que sienten ambos dedos *al mismo tiempo*. Mantén esta conciencia de los dos dedos durante varios segundos. Después, mientras mantienes simultáneamente la atención en ellos, notarás también una parte de ti, separada, que simplemente observa todo el proceso que tiene lugar. Tú, tu conciencia, eres consciente de ambos dedos. Hasta el momento, tienes conciencia del contacto A y del contacto B, y de ambos al mismo tiempo. No importa si te das cuenta o no claramente de este fenómeno, pues sucede de manera natural, sin esfuerzo.

*Tercer paso:* mientras mantienes tu conciencia en ambos puntos de este modo amplio, no hagas nada. Está bien así, limítate a prestarle atención a lo que sientes en las yemas de ambos dedos y detente ahí. Si fijas tu atención simultáneamente en ambos contactos y no haces nada más, no tardarás en notar una sensación de quietud, sosiego e incluso paz. Se trata de una Eumoción generada por tu conciencia expandida. Llegado a ese punto, has de ser consciente de tu Eumoción a la vez que mantienes la conciencia en el contacto A y en el B.

Ahora cuentas con tres puntos de conciencia: el contacto A, el contacto B y la Eumoción. Mantener esos tres puntos en la conciencia se denomina *triangulación*. Continúa siendo consciente de los tres hasta que sientas un cambio en el cuerpo del compañero, sobre todo en los músculos (eso puede requerir varios minutos cuando estás aprendiendo el Quantum Entrainment). El cambio que experimentes puede ser un ablandamiento o relajación de los músculos bajo los dedos. Quizá sientas como si se te relajasen o disolviesen los dedos en los músculos, o bien que tu compañero se relaja de manera general. Es posible que se le aflojen los hombros o bien que suspire o respire hondo. Si estáis los dos de pie, igual notas que se contonea o que flexiona un poco las rodillas. Esta es una reacción común del profundo nivel de reposo curativo del que tu compañero está disfrutando. También puede ser que notes que genera más calor corporal, o incluso que empieza a sudar.

Cualquiera de estos cambios es indicativo de que el cuerpo del compañero está curándose; se está reorganizando a fin de eliminar el dolor y la tensión resultantes del desorden. Una vez que notes cualquiera de estos indicadores, continúa triangulando y manteniendo la atención en los dos puntos de contacto y en la Eumoción un poco más de tiempo. A continuación, aparta los dedos.

Felicidades, porque has completado tu primera sesión de curación cuántica. Con tan solo dos dedos y tu Eumoción, ¡has eliminado el dolor de tu amigo!

Tal vez te preguntes qué hace él mientras tú creas este suceso curativo. No hace absolutamente nada. Antes de comenzar una sesión de QE, los compañeros suelen preguntarme si deben relajarse, meditar o repetir su propia intención. Pues bien, no han de hacer *nada*. No deben intentar ayudar de ninguna manera, porque en ese caso lo único que conseguirían sería retrasar o contrarrestar tus esfuerzos. La razón es que si su mente está ocupada con cualquier actividad, se encuentra menos receptiva a la influencia curativa que genera el QE, mientras que una mente imparcial caerá de manera natural y fácil en las aguas sanadoras de la conciencia pura.

Haz que tus compañeros se sientan cómodos. Si lo prefieren, pueden cerrar los ojos, pero esa será toda la preparación que necesitarán. Si quieren ayudarte de alguna manera, puedes decirles que lo mejor que pueden hacer es dejar que su mente vaya allí adonde les plazca.

El Quantum Entrainment opera muy bien bajo las circunstancias más difíciles. Puede que tu compañero sufra un gran dolor físico o emocional; puede que incluso te sorprendas realizando el QE en la sala de urgencias de un hospital, en un centro comercial atestado o en cualquier entorno desestabilizador, y no obstante la curación se llevará a cabo. Así que no creas que nada de eso puede limitarte. Pero, de poder elegir, resulta preferible un entorno tranquilo y un compañero colaborador.

## La sesión de QE en pocas palabras

- ◇ El compañero describe el dolor (la intención está implícita).
- ◇ Comprobación previa.
- ◇ Ser consciente del contacto A (músculo duro o dolorido).
- ◇ Ser consciente del contacto B.
- ◇ Ser consciente de A y B a la vez.
- ◇ Esperar la Eumoción.
- ◇ Ser consciente del contacto A, del contacto B y de la Eumoción.
- ◇ Observar cómo se relajan los músculos, el vaivén del cuerpo, los cambios respiratorios u otras señales de relajación.
- ◇ Comprobación posterior.

# GLOSARIO

**Conciencia común:** percepción del mundo relativo sin conciencia del Ser, de la Eumoción. La conciencia común está supeditada al miedo y los prejuicios del ego; es generalmente destructiva incluso cuando sus intenciones sean positivas. Sentimos que somos los propulsores de nuestras acciones, los creadores de los pensamientos y los hechos. Es la forma de conciencia que prevalece en el mundo; la antítesis de la *Conciencia del Ser*.

**Conciencia del Ser:** acción realizada mientras se tiene conciencia de la Eumoción. Conciencia que trasciende los confines de la causa y el efecto, libre de miedo y desarmonía. Somos el observador, el testigo de la creación que se lleva a cabo a través de él, no a partir de él. Lo opuesto de la *conciencia común*.

**Conciencia del QE:** ver *Conciencia del Ser*.

**CONCIENCIA PURA:** conciencia de lo que es inalterable, sin principio ni fin. Conciencia de la nada. El estado en el que no hay pensamientos; el intervalo. No somos conscientes de la Conciencia Pura mientras nos hallamos en este estado, que está más allá de la energía y de la forma. Todo lo creado es la inmóvil e inexistente ilusión de la conciencia pura.

**EGO:** cuando la mente se olvida de la Eumoción, surge la ilusión de la individualidad. Es la entidad controladora de la mente inconsciente. Nace del miedo, que es a la vez su envoltura y su combustible. Quiere ser íntegro y fundirse con la Eumoción pero teme ser asimilado por ella. El ego intenta eliminar lo que no puede controlar. Siente que, si pudiera controlarlo todo, sería íntegro. Es la causa primera del sufrimiento. Tiempo, miedo y ego son uno y lo mismo. El ego es una ilusión. La Conciencia del Ser elimina la destructora influencia que el ego tiene sobre la mente, pero no destruyéndolo, sino expandiéndolo hasta el infinito.

**EUMOCIÓN:** la Eumoción («eufórica emoción») es una percepción del todo, íntegro, indivisible, la percepción del primer vislumbre de conciencia. Es el estado natural de una mente consciente de su Ser. La Eumoción es atemporal y no puede morir. La mente la reconoce como paz pura, quietud, dicha, compasión, amor, beatitud. Es la lente a través de la cual la conciencia pura lleva a cabo su creación. Es la base de la conciencia del Ser. *Eumoción* y *Ser* son sinónimos.

**EUMOCIÓN PURA:** la percepción de la Eumoción antes de que tome forma en la mente. La experiencia de ser conscientes de la conciencia pura mientras somos conscientes; sin pensamientos, sin sentimientos, pero conscientes. El estado en el que se obran los milagros. La materialización espontánea de formas corpóreas, como la multiplicación de los panes y los peces, la ceniza sagrada o la curación espontánea de la enfermedad.

**ERROR DEL EGO:** la creencia falsa de que puede llenar el vacío que ha quedado al separarse de la Eumoción saturando su existencia de elementos materiales, conceptos mentales y el juego de las emociones, es decir, de la continua búsqueda exterior de la mente, que la aleja aún más de la Eumoción.

**INTENCIÓN DEL QE:** la satisfacción natural del deseo mientras se es consciente de la Eumoción. Resuelve de inmediato la desarmonía emocional y el apego al deseo, al tiempo que organiza las fuerzas de la creación en torno al deseo para que lo satisfagan en el plano material. Satisfacción del deseo primero y más profundo del ser humano, que es reunirse con su Ser, libre de miedo. Es el desear sin ego. Siempre da más de lo que se pide. Crea a partir de la armonía perfecta. No se puede oponer a las fuerzas creativas básicas. No puede causar ningún daño.

**QUANTUM ENTRAINMENT (QE):** el proceso natural de guiar la conciencia común a la conciencia pura y anclarla luego en la Eumoción. El QE tiene éxito cuando deja de operar en el estado de conciencia pura.

**SER:** ver *Eumoción*.

# SOBRE EL AUTOR

El doctor Frank J. Kinslow ha dedicado más de treinta y cinco años a la investigación y enseñanza de técnicas curativas, basándose en su experiencia clínica de médico quiropráctico, en sus detallados estudios de las filosofías y prácticas esotéricas orientales y en su pasión por la teoría de la relatividad y la física cuántica. En 2007 nació el proceso del Quantum Entrainment, fruto de una crisis personal que dejó al doctor Kinslow sin *ningún lugar a donde ir ni nada que hacer*. De esa *nada*, fue capaz de crear para sí una vida vibrante y plena. Empezó entonces a escribir y a impartir lo que había aprendido, y lo hizo con tal sencillez y claridad que, en apenas unos años, decenas de miles de personas de todo el mundo eran capaces de procurarse una vida tan vibrante y plena como la suya simplemente con leer sus libros.

El doctor Kinslow es médico quiropráctico, especialista en educación para sordos y doctor en asesoramiento clínico espiritual. En la actualidad, continúa escribiendo, e impartiendo cursos por todo el mundo. Vive en Sarasota, Florida, con su esposa, Martina.

# SOBRE LA ORGANIZACIÓN QE

El doctor Kinslow es el creador y único profesor de QE. Dirige seminarios y da conferencias por todo el mundo. Para obtener más información sobre el QE, ten la amabilidad de ponerte en contacto con la organización:

*Página web:* www.QuantumEntrainment.com
*E-mail:* Info@QuantumEntrainment.com
*Teléfono:* (877) 811-5287 (gratuito en Estados Unidos)

PRODUCTOS DEL QE

**Libros**

*Curación cuántica.* Editorial Sirio, Málaga.
*El secreto de la vida cuántica.* Editorial Sirio, Málaga.
*Beyond Happiness: Finding and Fulfilling Your Deepest Desire.*

## Libros de audio

*The Secret of Instant Healing.*
*The Secret of Quantum Living.*
*Eufeeling! The Art of Creating Inner Peace and Outer Prosperity.*
*Beyond Happiness: Finding and Fulfilling Your Deepest Desire.*

## CD

*Exercises for Quantum Living* (CD doble).
*Exercises for Quantum Living for Two* (CD doble).
*Quantum Entrainment Exercises.*

## DVD

*Quantum Entrainment Introductory Presentation.*
*What the Bleep QE Video.*

Otros servicios que pueden encontrarse en www.QuantumEntrainment.com:

- ✧ Sesiones privadas con especialistas de QE titulados
- ✧ La circular gratuita *QE Quill*
- ✧ Descargas gratuitas de material
- ✧ Vídeos y fotografías sobre el QE
- ✧ Foro del QE

# NOTAS

# NOTAS

# NOTAS

# ÍNDICE

# la Eumoción